관계력

오롯이 혼자 설 수 있을 때
비로소 가질 수 있는 것

관계력

關係力

김단 지음

클레이하우스
CLAYHOUSE

나는 나의 삶을 개선할 수 있다

손바닥만 한 알에 갇힌 새는 1미터가 넘는 독수리로 자라나 하늘을 비행한다. 손톱만 한 씨앗은 2미터가 넘는 나무로 자라나 하늘을 올려다본다. 그래서 알은 하늘을 지배하는 독수리가 될 가능성을 품고 있고, 씨앗은 푸릇한 잎사귀를 피워내는 거대한 나무의 가능성을 품고 있다. 그러나 가능성의 범위는 한정되어 있다. 독수리는 정해진 먹이를 먹고, 정해진 모습으로 자라난다. 우거진 숲속 나무의 모습은 구분하기 힘들 정도로 비슷하다. 그것들은 껍질을 깼지만 본능이라는 족쇄를 벗겨내지 못한다. 그려질 색깔이 단조로운 것이다.

그러나 오직 인간이라는 동물만은 검은 양수 속에서 '이성'이라는 열쇠를 주먹에 쥔 채로 세상 밖으로 나온다. 그래서 이 열쇠를 사용하는 방식에 따라 양수 속에 갇힌 인간은 연쇄 살인범이 될 수도, 위대한 현인이 될 수도 있다. 예측 불가능한 것이다. 그렇게 두 발로 꼿꼿이 선 채로 마주하는 모든 것을 눈과 귀로 담으며 세상을 배우고, 배운 대로 행한다. 그리고 때때로 좌절한다. 좌절하는 까닭은 무언가를 지향하기 때문이다. 앞으로 나아가려 하지 않는다면 넘어지지도 않는다.

어디론가 나아가려 하는 것이 인간 이성의 성질이다. 그 성질로 인해 역사의 색은 다채로워졌다. 그렇게 문화와 예술, 전쟁, 과학, 이 모든 것이 탄생했다. 지금도 마찬가지로 인간의 사고는 단 하나의 공통분모를 갖는다. 인간은 누구나 자신의 가치를 상승시키고자 한다는 것이다. 이러한 생각이 말과 행동으로 고스란히 드러난다. 그래서 인간은 칭찬에 취약하다. 이 간단하고도 견고한 진리를 알프레드 아들러와 윌리엄 제임스, 프리드리히 니체는 일찍이 파악했고, 현대 뇌과학과 진화심리학을 통해 과학적으로 규명되었다.

이 책은 이러한 아들러의 우월성 추구 이론과 도파민의 작동 원리에 대한 이해를 바탕으로, 더 나은 사람이 되고자 하는 인간의 '향상욕'을 이용하는 법에 대해 다룬다.

이를 위해 이 책의 전반부에서는 각자가 서 있는 대지라고 할 수 있는 유년기와 가정환경에 대해 심층적으로 고찰한다. 한 뼘 더 성숙한 삶을 살기 위해서는 시간을 거슬러 자신의 성격이 배양되던 시기에 대한 객관적인 이해가 필요하다. 그리고 존 볼비John Bowlby의 애착 이론 등을 바탕으로 관계의 본질에 대해 접근한다. 관계력의 부정적 순환 고리를 끊고 긍정적 순환 고리를 연결하는 법도 배운다. 모든 과정을 단계별로 나누어 설명하고 있기에 어렵지 않게 따라올 수 있을 것이다. 그리고 결국 오롯이 혼자 있을 수 있을 때 풍요로워지는 것이 관계의 역설이라는 사실을 뼛속 깊이 깨닫게 될 것이다.

이 책의 후반부에서는 이를 실제 삶에 어떻게 적용할 것인지에 대해 본격적으로 다룬다. 특히 공감, 유혹, 제안이라는 세 가지 키워드를 내세워, 다양한 인간관계에서 자신이 진정으로 원하는 바를 얻고 실리까지 취하는 방법을 설명한다. 상대를 힘으로 누르거나 착취하거나 훔치는 것이 아니라,

진정한 의미의 관계력을 발휘하여 세상을 내 편으로 만드는 법에 관한 이야기다. 나는 이것이 결국 우리가 궁극적으로 지향해야 할 성숙한 삶이라 믿는다. 이 책을 통해 독자들이 누구에게도 의존하지 않고, 누구도 지배하려 하지 않는 온건한 태도로 살길, 그러면서도 각자의 마음이 진정으로 원하는 것을 획득하며 살길 진심으로 응원한다.

내가 하고 싶었던 이야기를 비교적 확신에 찬 어조로 거침없이 풀어냈지만, 글을 쓴다는 것은 여전히 내게 쉽지 않은 일이다. 망망대해 한가운데 누군가가 던진 편지를 품은 유리병처럼 언제 닿을지 모르는 육지를 기다리며 넘실거리는 파도를 배회하는 일. 돌이켜보니 결국 그것이 내가 택한 업이었다.

나는 그 활자들이 모인 모양이 남들이 보지 못했던 것이기를 바라며 글을 쓴다. 다시 말해 나의 글은 고유성을 목표로 한다. 그리고 이 책에서 나는 그 고유성을 확보하기 위해 나의 결점을 많이 밝혔다. 글을 다 쓰고 나니 고향에 숨죽은 나물처럼 웅크린 노모의 생각이 났다. 내가 책을 내는 것을 자랑스러워하는 노모가 당신의 유산인 내 결점을 보고 죄책감을 갖지 않을까 걱정이 됐다.

그러나 수많은 방황을 마치고 내가 이정표 삼아 밟고 걸은 건 당신의 혈흔이었다. 당신의 삶은 봄 한 줌 누릴 새 없는 차디찬 겨울이었을 것이다. 그리고 나의 글은 그 겨울 당신이 군부대로 부치던 꾹꾹 눌러 담은 그 편지와 닮아 있다. 내가 지금 이렇게 언어의 바다에 글을 방류할 수 있는 건 온전히 당신 덕분이라고 말하고 싶다. 이 글을 통해 어미 새가 좀 더 어깨를 펼 수 있기를 바란다.

글을 쓰는 것은 나 자신을 원자 단위로 나누어 그것을 목차에 맞게 재배열하는 일이다. 그리고 큰 고통을 소화 가능힐 징도로 짤게 쪼개어 하루하루 심기는 일이기도 하다. 그러나 수가 얼마가 될지 모르지만 품은 그 글이 결국 누군 가에게는 닿는다는 기대, 그리고 어느 한 사람에겐 이 책이 삶의 거름이 될 수도 있지 않을까 하는 기대가 모든 고통을 감내하게 만든다.

활자를 세공해 많은 이의 기억에 남기는 것은 분에 넘치게 가치 있는 일이다. 그 기억의 그늘에 숨 쉬는 것들이 가끔씩 빛이 나 다시 한번 집어들 수 있도록 미약한 나의 생명력을 걸고 많은 글을 써나가려 한다.

글을 쓰면 쓸수록 내가 전하고자 하는 메시지는 한 문장으로 귀결된다. "나는 나의 삶을 개선할 수 있다."

이 한 문장에 힘을 싣기 위해 다른 모든 문장의 힘을 빌린 것만 같다. 이 책과 맞닿은 모두가 삶에 대한 자신감을 잃지 않았으면 한다.

2023년 여름
김단

목차

부모는 자식의 거울이 맞다.

그러나 그 거울을 들여다보는 것이 비참하다면

단호하게 그 거울을 깨뜨려야 한다.

원망의 에너지로 바꿀 수 있는 것은 아무것도 없다.

최초의 관계

나를 만드는

모든 인간관계는
부모와의 관계에서 시작된다

망아지는 태어난 지 한 시간이 채 되지 않아 스스로 일어나 비틀거리며 걷기 시작한다. 그리고 곧이어 스스로 어미 젖을 찾아 빤다. 이들의 성장 속도는 놀라울 정도로 빨라서 열흘이 지나면 어미 말과 함께 들판으로 나가 풀을 뜯어먹는다. 포유류哺乳類의 포유는 먹일 '포哺'에 젖 '유乳'를 써서 젖샘이 있어 수유를 하는 동물을 말한다.

이런 모든 포유류 가운데 인간의 새끼는 가장 나약한 존재로 세상에 나온다. 아기는 모든 포유류의 자식 가운데 가장 취약하고 의존적인 생명체다. 털이 없어 온도에 예민하고, 각종 병균에 취약하며, 지속적인 영양분의 공급 없이는 단 3일도 버티지 못한다. 이러한 나약함 때문에 인간의 아기는 절대적 양육자에게 오랜 기간 맹목적으로 의지한다.

약 10개월간 양수 속에서 두둥실 헤엄치다 아기가 세상에 나와 처음으로 마주하는 또 다른 인간을 우리는 '엄마'라 부른다. 세상에 떠나가라 대차게 울음을 터뜨리는 이 유약한 생명체를 엄마라는 존재는 출산의 고통이 가시지 않은 채로 감동과 환희의 눈물을 흘리며 끌어안는다. 그 포옹이 바로 애착 관계의 첫 출발이다.

아기가 나약할수록 이에 비례해 절대적 양육자로서 엄마의 존재는 더욱 강해진다. 10개월간 암흑의 공간에 머무르다 세상의 빛을 보게 된 아이에겐 엄마가 곧 세상의 전부다. 세상의 빛을 보기 시작한 이후로 10년이 넘는 기간 동안 대부분의 아기에게 엄마는 곧 모든 인간관계의 중심이다. 그 중심의 바로 옆에 아빠라는 존재가 자리하고 있다. 아기는 출생 후 첫 2년 동안 뇌를 포함한 중추신경계의 80퍼센트 이상을 완성하고, 그렇게 완성된 중추신경계를 바탕으로 향후 약 8년간의 다양한 경험을 내면화해 '성격'이란 것을 만들어 나간다.

성격은 아이가 교복을 벗고 드넓은 사회로 나아갈 때 어려움과 막막함에 대처하기 위한 고유한 행동양식이다. 한 사람의 삶의 질을 예측함에 있어 성격만큼 좋은 지표는 없다. 자신을 둘러싼 환경이 혼란할수록 좋은 성격이 가진 가치는 더 커진다. 덧없는 경쟁이 서로를 자극하고 서슬 퍼런 유혹이 도처에 깔린 세상에서, 좋은 성격이 주는 가치는 물질적 유산만큼이나 귀중하다. 좋은 성격은 험난한 세상에서 나를 보호해줄 든든한 방패가 된다. 그럼에도 애석한 사실은 성격의 본질적인 부분은 대부분 유년기에 형성되어 고착화된다는 점이다. 물질적 풍족함뿐 아니라 좋은 성격도 결국 대물림된다.

1998년 개봉한 영화 〈피아니스트의 전설The Legend of 1900〉에는 버지니아 호에서 태어나 평생을 바다 위에서 살아가는 천재 피아니스트 나인틴 헌드레드Nineteen Hundred가 등장한다. 갓난아기일 때 버지니아 호에 누군가 버린 것을 딱하게 여겨 석탄실의 흑인 노동자 데니 부드맨이 아들 삼아 키웠는데, 아기를 발견했을 당시가 1900년이라서 그렇게 이름 지은 것이다. 헌드레드는 소년에서 성인이 될 때까지 단 한 번도 육지에 내리지 않고, 호화로운 버지니아 호에서 생활한다. 그러다 정착한 배 안에서 창밖에 비치는 한 아리따운 여인을 보고 사랑에 빠진다. 그 여인에게 자신이 작곡한 곡을 선물해주려 육지로 내렸으나, 그는 눈앞에 펼쳐진 대지에 극심한 혼란을 느껴 이내 다시 배로 돌아온다.

많은 시간이 흘러 화려했던 버지니아 호는 낡고 녹이 슨다. 그리고 원래의 가치를 잃고 마침내 그 배를 철거해야 하는 순간이 찾아온다. 헌드레드는 혼돈의 세계인 대지로 나아갈 것인가 아니면 자신의 안식처인 배에서 함께 죽음을 맞이할 것인가를 고민하다 결국 남을 것을 택하고 버지니아 호의 폭발과 함께 바다로 가라앉는다.

20년 넘게 파도에 흔들리는 배 안에서 생활한 그에게는 흔들림이 곧 안정이었다. 일렁이는 배 안의 피동이 그가 인식한 고요와 평온이었다. 그런 그에게는 오히려 미동도 없는 단단한 대지가 극심한 혼란 그 자체였을 것이다. 이렇듯 20년간 어떠한 가정환경에서 자라왔는가는 그가 마주할 진짜 사회에 대한 인상을 좌우한다. 온화한 가정에서 애정과 관심을 듬뿍 받으며 자라난 청년은 성인으로 처음 발 딛는 사회 또한 그런 안정감 있는 환경일 것이라 생각하고 차분하고 온건하게 세상과 타인을 대한다. 그렇게 그는 자신 주변의 세상을 안정되게 가꾸어나간다.

그는 긴 시간 부모가 안정적으로 자신의 존재를 존중해 주었기에 구태여 타인에게 자신의 존재와 영향력을 과시할 이유가 없다. 지배받지도 지배하지도 않은 채 타인과의 적정 거리를 유지한다. 그리고 자신이 존중받으며 자라왔기에 타인도 그런 존재라 판단하고 타인이 가진 결핍과 결점 대신 그들이 가진 긍정적인 모습을 발견하며 타인을 포용한다. 언제든 돌아갈 수 있는 단단한 대지가 있기에, 결핍이 많은 다수와의 인간관계에서 의도하지 않아도 자연히 우위를 점하며, 수많은 유혹과 자극에 섣불리 빠져들지 않는다.

또 부모로부터 흡수한 습관화된 친절과 올바른 사회성은 그에게 권력이 된다. 무엇보다 자신의 존재감을 인지하고 있고 자신의 행동이 줄 수 있는 파급력을 높게 평가하기에 행동과 언행을 조심한다. 자신의 노력으로 인생을 바꿀 수 있다는 신념도 있기에 삶에 애착을 갖고 자신의 과업에 노력을 쏟아붓는다. 그 결과 자신의 영향력을 과소평가하고 회의감에 노력을 주저하는 사람들에 비해 사회적 영향력을 일찍이 획득한다. 이런 노력의 효용에 대한 믿음은 시간이 지날수록 더욱 신념화되고 숙성되고 단단해진다. 이를 토대로 때

로는 기꺼이 위험도 감수하며 다양한 시도들을 이어가며 자
신의 삶을 지속적으로 발전시켜 나간다.

세상을 대하는 전략이
만들어지는 시간

반대로 성인이 되기까지 20년의 세월 동안 불안의 대지에서 자라온 사람이 있다. 부모는 매일 언성을 높이며 서로를 향한 적개심과 폭력성을 가차없이 드러낸다. 집안은 하루도 소란스럽지 않은 날이 없다. 서로를 향한 날 선 비방은 점점 더 강도가 높아지고, 서로 상대와 결혼한 것을 크게 후회한다. 물잔이 쨍그랑 부서지는 소리, 문을 쾅 닫는 소리, 집안 집기들이 떨어지는 소리는 꽉 닫은 소년과 소녀의 방에도 여과 없이 날아 들어온다. 전쟁 같은 집구석에서 소녀가 내는 목소리는 이내 묻히고 만다. 그녀는 의심한다. 내 목소리로 나와 주변 사람들을 변화시킬 수 있을까.

　그녀는 그럴수록 심란함을 지우기 위해 쾌활한 세계에 빠져든다. SNS를 뒤적거리고, 친구와의 관계에 집착한다. 저기 낡은 벽에 붙은 아이돌은 그녀를 보며 환하게 웃어준다. 그럴수록 펜과 공책은 그녀에게서 점점 멀어져 간다. 그럼에도 열심히 사는 누군가를 바라보며 이따금씩 고개를 푹 숙이며 한숨을 내쉰다. 그렇게 자신을 책망하고 자신의 상황을 원망한다. 그리고 그녀 역시도 그녀의 어머니처럼 후회의 근력을 키워간다. 모든 상황에서 후회의 요소를 발굴하고 곱씹기 시작한다.

　한 소년 역시 문을 쾅 닫고 헤드셋을 쓴 채 가상의 게임 속 공간으로 빠져든다. 그러다 울리는 진동에 휴대폰을 확인하고 친구의 실없는 농담에 실소를 터뜨린다. 소년은 생각한다. '역시 친구뿐이구나.' 학교에 가면 많은 친구가 그를 둘러싼다. 한 살 어린 후배가 그를 보고 깍듯하게 인사하자 그는 만족감을 느낀다. 그 역시도 지나가는 선배를 보고 실실 웃으며 아부한다. 그럼에도 스무 살 이상 많은 학교 선생에게는 더할 나위 없이 불손하다. 그들은 자신을 지배할 자격과 권리가 없다고 생각한다. 학교 선생은 그의 일을 하는 것일 뿐 자신을 지배할 의도 따윈 없음에도 세상을 왜곡해서 인지한다. 그에게 세상은 '지배'와 '피지배' 두 가지로 나뉠 뿐이다. 힘에 의한 위계질서, 지배와 피지배, 복종과 불복종, 이 간단한 문법은 그에게 안정감을 준다. 그리고 집 안에서 내재화한 공격성을 학교라는 공간에서 여과 없이 발산한다. 이런 식으로 자신의 불안한 영향력을 스스로에게 납득시킨다.

교회 앞 작은 고깃집에서 어머니는 아버지의 케케묵은 외도 사실을 들추어냈다. 그러는 사이 불판의 고기는 새까맣게 타 재가 되어가고 있었다. 늠름한 공군 장교 출신이지만 끝내 실패한 직장인이 된 그의 아버지는 세상 모든 것이 불만이었다. 그럼에도 자신의 본가에서 왕처럼 군림하던 장남인 그는 통통하고 비굴한 막내아들의 모든 것이 마음에 들지 않았다. 아이는 학원 차를 놓쳐 어머니에게 전화를 걸었다. 계모임에 나갔던 어머니는 아버지에게 짜증을 쏟아부으며 아이를 데리러 가라고 일렀다. 난폭하게 운전해서 돌아온 집에는 그와 그의 아버지 둘만이 남았다. 그의 아버지는 화를 꾹꾹 눌러 담으며 진짜 학원 차가 끊겼냐고 물었고 자신이 보는 앞에서 학원에 전화를 걸어보라고 강압적으로 말했다. 소년은 손을 덜덜 떨며 수화기를 들었지만, 도무지 학원 전화번호가 기억나질 않았다. 그 모습을 본 그는 자신의 아들이 자신에게 거짓말을 한다고 결론 내렸다.

수화기를 든 소년에게 굵은 주먹이 날아들었다. 잇따라 힘이 실린 넓적한 발바닥이 바닥에 엎드린 소년의 얼굴 위로 겹쳐졌다. 머리가 핑 돌고 시야가 흐려졌다. 손바닥으로 바닥을 짚으며 다시 눈을 떴을 땐 TV 선반 위 굵은 가죽 성경책이 보였다. 소년은 울면서 손을 비볐다. "살려주세요."

그 말이 몇 번 반복되자 폭력은 잦아들었다. 소년은 의문스러웠다. '내가 정말 잘못한 걸까. 아니면 내 존재 자체가 잘못된 걸까?' 소년은 이른 나이지만 이따금 자살을 생각했다. 소년은 중학교라는 좁은 공간에서 자신을 증명할 강인한 육체조차도 갖고 있지 않았다. 선과 악, 자신과 타인과의 경계 등 그를 둘러싼 모든 것이 흐릿하고 불분명했다. 그는 정처 없는 불안감에 늘 다리를 떨었다. 표정을 어떻게 지을지 몰라 익살스럽게 웃었고, 행동과 말은 과잉되어 있었다. 그에게는 명확한 존재의 이유가 필요했다.

고등학교에 입학한 그는 마침내 존재의 이유를 찾은 것만 같았다. 운이 좋게도 찍은 게 다 맞았던 건지 모의고사에서 반에서 5등을 하게 된 것이다. 소년의 성적을 알게 된 그의 아버지는 본 적 없던 온화한 미소를 지으며 그의 머리를 쓰다듬었다. 잠시 혼란스러웠지만 그는 쾌감을 느꼈다. 학교 교사들은 그의 성적 상승을 입에 담기 시작했다. 그때까지 어머니는 그에게 칭찬다운 칭찬 한 번 해줬던 적이 없었다. 한없이 이기적이고 거만한 자신의 남편에 대한 반감으로 아이를 겸손하게 키우고 싶었던 탓이다.

그런 소년은 생전 맛보지 못한 칭찬의 달콤함에 취해 공부에 더욱 집착하게 되었다. 길을 걸어 다닐 때도 영어 단어장을 들었고, 점심시간에는 수학 문제집을 풀었다. 밥 먹는 시간이 아까울 때면 책상 밑에 식사 대용 과자를 집어놓고 점심시간에 꺼내먹기도 했다. 누군가는 혀를 내두르며 독하다고 했다. 그렇지만 그런 말이 나쁘게 들리지 않았다. 새하얀 도화지에 어떠한 색깔이 칠해지는 것만 같았다. 소년의 모든 공책 표지에는 서울대 정문의 사진이 커다랗게 자리 잡고 있었다.

11월 겨울 수능 고사장으로 가는 길은 유독 추웠다. 수능을 마치고 고사장 문을 나와 은색 소나타에 올라탈 때까지만 해도 소년은 확신했다. '나도 서울대에 갈 수 있겠구나.' 불과 30분 만에 기대는 산산조각 났다. 당연히 점수가 잘 나올 거라고 생각했던 언어영역에서 받아본 적 없는 낮은 점수를 받게 된 것이다. 그리고 나머지 과목에서는 거의 만점에 가까운 성적을 받았다. 그때까지만 해도 입시는 소년의 세상 전부였다. 차라리 자신이 노력했던 다른 과목에서도 낮은 점수를 받았더라면 내가 실력이 부족했구나, 그렇게 털고 다른 것에 열중했으련만 소년은 억울했다. 그리고 웃는 얼굴로 성적표를 받아 든 다른 이들을 부정했다. 자신의 촘촘하지 못한 노력을 탓하기보다 자신의 운을 원망했다. 그의 어머니처럼 매일같이 후회했다.

그는 억울함을 털지 못하고 대학 생활에 적응하지 못해 겉돌기 시작했다. 무엇보다 '노력의 효용'에 대한 믿음이 깨져비렸다. 그는 더 이상 노력하지 않았다. 헌 방을 노렸다. 자극적인 것들에 빠져들기 시작했다. 주식, 사업, 지속적이지 못한 이성 관계에 탐닉했다. 이 모든 것에 실패해도 가족 곁으로 돌아가고 싶진 않았다. 그 결과 만성적 불안에 시달렸다. 가만히 혼자 앉아 있는 것을 하지 못해 세상에, 관계에 이리저리 휘둘렸다. 자격 없는 사람들에게 거짓 충성을 맹세했고, 친구와의 관계에서 우위에 서려고 발버둥 치며 그들의 감정을 헤쳤다. 성공과 치열한 노력, 안정감 있는 관계, 이 모든 것이 그의 손을 떠나갔다.

기나긴 세월이 지나 어른이 된 그는 지금 이 책을 쓰고 있다. 나를 무한한 결핍의 세계에서 구원해준 건 책이었다. 20대의 막바지부터 나는 집착적으로 책을 읽었고, 다양한 사람의 글을 보며 뒤늦게 자신을 객관화했다. 앞선 모든 실패의 원인을 깨닫고 나의 20대와 화해하기로 결심했다. 그리고 현시점에서 내가 할 수 있는 걸 했다. 그때 내가 할 수 있었던 건 글쓰기밖에 없었다. 마음의 구멍이 컸기에 하루 종일 앉아 글을 쓰는 것 말고는 나를 구원할 수 있는 게 없었다. 그리고 차츰 세상에 성과를 내놓았다.

이런 나이기에 불안정한 가정환경이 개인의 인생에 얼마나 파괴적인 영향을 끼칠 수 있는가를 누구보다 잘 알고 있다. 우리는 우리 자신의 결핍과 그것의 생성 원인을 먼저 자각해야 한다. 그래야만 비로소 안정이라는 비옥한 토양으로 발을 디딜 수 있고, 이를 아름답게 승화할 수 있다.

안정 애착이 없는
성인이 되었더라도

심리학자 존 볼비는 제2차 세계대전 직후 생겨난 많은 부랑자와 고아가 공통적으로 사회적 관계에 어려움을 겪는 것을 발견한다. 그의 애착 이론Attachment Theory에 따르면, 아이는 부모와의 애착 관계를 통해 자신과 타인에 대한 표상, 즉 내적작동 모델Internal Working Model을 만들게 된다.[1]

안정적 애착을 형성한 성인은 스스로를 존중함과 동시에 주위 사람을 신뢰하는 내적작동 모델을 가지고 살아간다. 인간은 타인이 자신에게 기대하는 방향대로 행동하는 경향이 있기에 안정적 애착 관계를 형성한 아이는 양육자가 베푸는 긍정적인 기대에 부응하도록 행동한다. 그리고 애착 관계의 범위를 넓혀 주변 사람들에도 호의적으로 행동하며 자신의 심리적 지지대를 더욱 단단하게 마련한다.

그러나 반대의 경우 심리적 지지대가 없기에 타인을 서열로 나누어 판단하고, 그 서열에 따라 지배하거나 맹목적으로 복종한다. 이런 방식으로 안정감을 찾으려는 그릇된 시도를 지속한다. 대부분은 기대하는 방향대로 흘러가지 않기 때문에 결국 자기 자신에게 심리적 타격을 가하는 악순환이 이어진다. 이렇듯 부모가 그들의 아이를 긍정적으로 바라보고 지지하는 것은 자라날 그의 삶의 질에 지속적이고 지대한 영향을 끼친다.

전쟁 후 탄생한 수많은 아이는 이러한 심리적 지지대를 갖지 못했다. 나약한 존재로 태어난 갓난아기에게 양육자는 애착 대상이자 안전기지Secure Base로 기능한다. 유아는 스트레스 상황에서 애착 대상에 접근하여 위안을 얻고자 한다. 애착 대상을 안전기지로 삼을 수 있게 되면, 새로운 주위 환경에 대해 불안해하고 거부감을 갖기보다 호기심을 가지며 탐색할 수 있게 된다.

발달 심리학자 매리 에인스워스Mary Ainsworth는 이 애착

이론을 발전시켜 유아의 애착 성향을 분류했다. 그는 애착 성향을 안정Secure 애착, 양가Ambivalent 애착, 회피Avoidant 애착, 혼돈Disorganized 애착으로 나눴다.[2]

안정 애착은 양육자의 보호 아래 자유롭게 세상을 탐색하며 낯선 사람과 잘 어울린다. 양육자가 떠나 있으면 불안해하고 양육자가 돌아오면 안심한다. 안정적으로 애착된 아이들은 양육자가 자신에게 올 것을 인지하고 있을 때 가장 활발하게 주변을 탐색한다. 이는 양육자가 안전기지로서 제대로 기능하고 있음을 알려주며 유아는 양육자에 대한 온전한 신뢰를 갖고 존중하는 경향을 보인다.

양가 애착은 양육자와 분리 후 재결합할 때, 다가오는 양육자에게 화를 내거나 밀쳐내는 식으로 서운함을 표출한다. 전반적으로 자신이 보내는 신호가 양육자에게 정확히 인식된다는 믿음이 부족하기에 무작정 떼를 쓰는 등의 과도한 감정 표출로 자신의 존재를 알리려 한다.

회피 애착은 양육자를 회피하거나 무시한다. 양육자가 떠나거나 돌아오는 것에 대해서도 별다르게 반응하지 않는다. 그리고 양육자가 곁에 있더라도 탐색 활동을 거의 하지 않는 특징을 보인다. 자신의 신호가 양육자에게 전달되고 있다는 믿음 자체가 약해져 있기에, 세상 모든 것에 대한 관심이 적고 끝없이 양육자를 의심하며 자신만의 세계에 갇혀 지낸다.

혼돈 애착은 양가 애착과 회피 애착이 특별한 기준 없이 동시에 일어난다. 양육자에게 떼를 쓰다가 이내 차갑게 돌아서버리기도 한다. 자신의 신호를 양육자에게 어떻게 전달해야 할지 모르기 때문에 애착 체계 자체가 무너져버린 것이다. 이 때문에 매사 극심히 불안해하는 경향을 보인다.

이 네 가지 애착 유형을 통해 우리는 유아가 양육자를 대하는 행동 전략을 볼 수 있다. 안정적으로 의지하거나, 극심한 불안에 떨거나, 떼를 쓰고 자극적으로 행동하거나, 회피해버리는 것이다. 그리고 이 네 가지 전략은 자라나는 과정에서 우리의 마음속에 내면화되어 세상을 대하는 태도로 고착화된다.

안정 애착을 발전시킨 성인은 과업에 대한 성취 욕구가 높고 실패에 대한 공포가 적다. 자신의 행동이 세상에 영향을 끼친다는 자아 효능감이 높기에 자기 자신을 올바르게 통제할 줄 안다. 의사소통도 원활하며 타인과의 관계가 악화될 것에 대한 두려움 없이 적정 거리에서 친밀한 관계를 맺는다. 그러나 양가 애착을 발전시킨 성인은 미숙한 감정 조절, 지나친 공격성, 타인을 깔보는 성향 등이 두드러지게 나타난다. 자신의 존재를 지나치게 증명하려 하는 경우도 많다. 회피 애착을 발전시킨 성인은 지나치게 자기 자신을 억누르고, 세상을 비관적으로 바라보는 태도를 지닌다. 그리고 혼돈 애착을 발전시킨 성인은 만성 불안과 무절제함에 시달린다.

안정 애착이 없는 성인이 된다면 우리는 이들 중 자신에게 익숙한 것을 취사선택하여 활용한다. 적정 거리를 유지하지 못한 채 지나치게 타인을 자신의 영역 안으로 끌어들이려 무리하거나, 이것이 무산될 경우 집착하는 태도를 보인다. 습관적으로 타인을 폄하하고 깔보기도 하고, 타인을 필요 이상으로 통제하려 한다. 자신의 주변을 강박적으로 정리하고, 혼자 있는 시간이 두려워 누구와라도 관계를 맺으려 하거나, 아예 인간관계 자체를 포기해버린다. 또 자신의 가능성을 애초에 거세시켜 사회와 상황을 원망하기도 한다. 유아기와 청소년기를 불안정한 상황 속에서 보낸 이들은 이런 건강하지 못한 삶의 태도를 많든 적든 독처럼 마음속에 품은 채로 살아가고 있다.

그렇다면 어떻게 해야 할까. 결핍으로 가득한 과거를

바꿀 방법은 없을까. 유감스럽게도 이미 과거에 벌어진 일은 우리의 의지로 바꿀 수 없다. 학대의 경험이든 억압의 경험이든 눈물 속에서 하루하루를 보냈던 처절한 기억이든 과거와 그 기억들로 인한 상처는 어쩔 수 없이 우리 안에 살아 숨쉬고 있다. 그렇기 때문에 가장 시급한 일은 우선 자신이 가진 안 좋은 성격적 자질을 자각하는 것이다. 자각하고 이를 개선하기 위해 노력한다면, 오히려 안정적인 삶을 영위하는 이들보다 더 나은 삶을 살 수도 있다. 그리고 자신 안에 도사리는 결핍을 원료 삼아 가치 있는 것을 세상에 내놓을 수도 있다.

부모는 자식의 거울이 맞다. 그러나 그 거울을 들여다보는 것이 비참하다면 단호하게 그 거울을 깨뜨려야 한다. 원망의 에너지로 바꿀 수 있는 것은 아무것도 없다. 사유하고 행동할 수만 있다면 자신의 삶을 전략적으로 살아낼 가능성은 충분하다.

진흙 속에 피는 꽃

불안정한 가정환경에서 자라온 대다수는 마음속 큰 구
멍 하나를 안고 살아간다. 자신을 둘러싼 온갖 부정적 소음
들 사이에서 긴 시간을 보내왔고 어느새 그것에 자신조차 깊
게 물들어 익숙해져버렸다. 그래서 희망적인 이야기로 가득
찬 세상의 풍경에 익숙지 않다. 반사적으로 부정적인 소리를
머릿속에 가득 채우고 이를 입 밖으로 내며 자신의 과거와
균형을 맞춘다. 그렇게 결국 또다시 깨끗한 자신의 주변조차
진흙밭으로 만들고 만다.

숨을 쉴 때마다 콧속에 연기가 뿜어져 나오는 서늘한

겨울밤, 깊은 산속 안개 덮인 산골짜기를 걷고 있다. 피로해진 다리와 발을 이끌고 힘들게 한 고즈넉한 산사에 도착했다. 암흑과 안개, 무채색이 뒤덮은 산사 앞 작은 연못에 연둣빛 이끼들이 두둥실 떠 있다. 그 축축한 풍광 사이로 강력한 색깔이 눈에 들어온다. 손바닥만 한 분홍색 겹겹의 꽃잎들이 하늘을 향해 활짝 피어 있다. 연꽃이다. 진흙탕 속에서도 연꽃은 피어난다. 그 꽃과 잎은 위를 향하며 진흙과 물을 튕겨내는 성질을 지니고 있다. 자신의 주위가 얼마나 더럽든 개의치 않고 깨끗하게 피어난다.

또한, 연꽃의 생명력은 어떠한 씨앗보다 강하다. 일본에서는 2,000년 묵은 씨앗이 발아하기도 했고, 중국에서는 1,000년 묵은 씨앗이 발아하기도 했다. 한국에서도 700년 된 씨앗이 발아했는데, 이를 '아라홍련'이라 부른다. 옛날 가야 6국의 한 나라인 아라가야의 터가 있던 함안에서 피어났기 때문이다. 어떤 시간과 고초를 겪었든 연꽃은 결국 꿋꿋하게 피어난다. 피어나겠다는 의지는 진흙조차도 자신의 자양분으로 삼아버린다. 그리고 지워져가는 자신의 색을 발산하기 위해 온몸을 부르터가며 다른 꽃들보다 격렬하고 강하게 피어난다.

1960년대 경북 안동에 한 소년이 있었다. 혼외자식으로 그를 낳은 생모는 행선지도 알리지 않고 그를 친부에게 맡기고 떠나버렸다. 그 결과 어머니가 다른 형제들 틈바구니에서 소년은 자라났다. 좁은 시골 마을, 사생아라는 사실 때문에 어릴 적부터 동네 사람들로부터 무수한 차별을 당했고 놀림을 받았다. 그는 자기 존재에 대해 생각했다. '나는 누구인가? 나를 낳아준 생모는 왜 나를 버렸는가?' 그럼에도 그는 자신의 생모가 지독하게 그리웠다. 결국 소년은 집에 정착하지 못했고, 열한 살이라는 어린 나이에 가출해 전남 목포까지 도망쳤다. 배고픔에 허덕이다 식당에서 밥을 훔쳐 먹기도 했지만, 해가 거듭돼도 그의 방랑벽은 고쳐지질 않았다.

그러다 힌 거지를 만났다. 그에게 어떻게 하면 당신처럼 살지 않을 수 있냐고 물었다. 거지는 뭐가 됐던 기술 하나를 배우라고 조언했다. 소년은 훔쳐 먹던 밥이 생각이 났고 요리사가 되어야겠다고 결심했다. 성년이 되고 요리사가 되어도 한곳에 정착하지 못하는 그의 방랑벽은 계속되었다. 대한민국 곳곳의 산을 돌며 식재료를 구해 즉석에서 요리를 해 눈에 보이는 동네 사람들에게 베풀었다. 특히 기억조차 희미한 자신의 어머니뻘 되는 나이 든 여성을 보면 그냥 지나치지 않고 그들을 위해 요리해주었다. 어느 시점부터 사람들은 그를 '방랑 식객'이라고 부르기 시작했다.

소년은 중년이 되었고, 그는 2000년대 초 UN 한국 음식 축제 대표로 참가한 것을 계기로 청와대 경제인 만찬 메인 셰프가 되었다. 그는 바로 얼마 전 세상을 떠난 방랑 식객 임지호다. 그는 채워지지 않은 결핍을 가슴에 지고 세상을 떠돌았고, 그 빈자리를 요리로 채웠다. 채워도 채워지지 않았기에 더욱 집착적으로 요리했다. 요리에 모든 시간을 바쳤고, 그것은 신념이 되었다. 그는 죽어서도 요리사였고, 세상은 여전히 그를 기억한다.

결핍이 많은 자는 마음이 항상 배고픈 상태다. 그래서 어떤 것에도 만족하지 못하고 집착적으로 어떤 것을 채워 넣으려 한다. 그들은 마음이 취약하기에 술, 담배 같은 것에 쉽게 유혹당한다. 강박적으로 관계에 매달리지만 결핍을 채우기 위한 목적으로 만나는 관계는 그의 매력을 반감시켜 대부분 실패에 이르고 그에게 상처만을 남긴다. 실패의 횟수가 많아질수록 그는 자신의 존재 자체를 회의하며 후회의 농도는 짙어져만 간다. 그리고 주변 사람들에게 머릿속에 가득한 부정적인 생각들을 내뱉는다.

이와 비슷하게 불우한 환경을 안고 자란 또 다른 사람이 있다. 그도 지워져가는 자신의 정체성을 채색하기 위해 허기진 상태로 허겁지겁 많은 것을 시도해본다. 그러다 자신이 열정을 쏟을 수 있는 하나의 대상과 운명처럼 만난다. 그것은 조리 도구가 될 수도, 펜이 될 수도, 컴퓨터가 될 수도 있다. 그것을 할 때면 마음이 조금 넉넉해진 기분을 느낀다. 그 넉넉함에 중독되어 집착적으로 그것에 매달린다. 그리고 성과를 내기 시작한다. 그 쾌감에 그는 세상과 자신을 다시 한번 믿어보기로 결심한다. 집념이 생기고 신념이 생긴다. 그의 마음속에 자리 잡고 있던 공격성은 투혼이 되어 용광로 속 그릇처럼 자신을 무한히 제련시킨다. 그리고 안정감 있는 그 어떤 누군가보다 압도적인 노력을 기울이고 그 분야의 최고가 된다. 결핍이 안정을 이기는 시점이다.

안정적 마음의 성정을 지닌 이들은 세상의 아름다운 것들과 좋은 감정을 즐기며 여유 있는 걸음으로 올바른 방향으로 나아간다. 그러나 결핍이 많은 이들은 과업이 곧 자신의 전부가 되어 폐가 짓눌려 숨이 찰 때까지 그 길을 뛰어간다. 그것이 자신을 구원할 유일한 길이라 생각하기 때문이다. 그렇기에 결핍이 많은 사람일수록, 열정을 쏟을 수 있고 치열해질 수 있는 자신의 과업과 빨리 만나야 한다.

1971년 남아프리카 공화국 프리토리아에서 전기 엔지니어 출신의 아버지와 캐나다 모델 출신의 어머니 사이에서 일론 머스크Elon Musk는 태어났다. 그 둘은 머스크가 여덟 살이 되던 해 이혼했고 이후 머스크는 어머니 손에서 자랐다. 머스크는 한 인터뷰에서 "내 아버지는 악마이자 끔찍한 인간 말종이다. 당신들이 상상할 수 있는 모든 악행과 범죄를 다 저질러본 사람이다"라고 말하며 인터뷰 도중 눈물을 보이기도 했다. 그의 생부는 상당히 폭압적인 성격이었던 것으로 보인다. 그래서 머스크는 자신이 관심 있는 분야에만 강박적으로 집중했고, 타인의 감정에 공감할 수 없어 대인관계 형성에 어려움을 겪는 아스퍼거 증후군Asperger's syndrome을 앓고 있다. 그 역시도 어린 시절의 불우한 경험으로 사회성 발달에 어려움을 겪었지만 공학이라는 자신의 과업을 일찍이 만나고 이에 몰두해 지금의 성과를 이뤄낸 것이다.[3]

대학교에 입학하고 좁은 자취방에 있던 나는 막연하지만 극심한 불안감을 느꼈다. 그 원인을 알지 못했기에 해결책도 알 수 없었다. 만성 불안증이란 사실을 알게 된 건 몇년이 훌쩍 지난 후였다. 노트북으로 영화 한 편을 다 보는 것이 힘들었다. 그건 지금도 마찬가지다. 음악도 듣는 것만 집중적으로 듣고 새로운 음악을 찾아 듣는 게 힘들었다. 뭔가 친숙한 장르가 아닐 때 오는 이질감은 몇 초가 지나지 않아 노래를 끄게 만들었다. 그러다 어쩌다 접한 힙합 장르에 빠지게 되었다. 호전성과 과시욕이 충만했던 과거의 나를 생각하면, 잘못된 선택이었다. 요즘에서야 팝송을 많이 들으려 노력하지만, 그때는 콜드플레이가 누군지, 아델의 노래에 어떤 것들이 있는지 전혀 알지 못했다. 탐색 의지가 결여된 나는 한 가지 게임만 10년 넘게 했다. 1998년 출시된 스타크래프트Starcraft가 그것이다.

　모 아니면 도, 내 편 아니면 네 편, 이렇게 이분법적 사고가 강했다. 도무지 중간을 견디질 못했다. 그래서 항상 뭐든 끝을 보려 했다. 불행히도 그 끝은 항상 좋지 않았다. 그러다 담배에 손을 댔다. 어떠한 계기였는지는 기억이 나질 않는다. 무언가 마음을 채울 자극제가 필요했던 것 같다. 몸에 받지 않는 담배를 헛구역질을 해가며 토를 할 때까지 피웠다. 한 갑을 다 피우고, 또 한 갑을 사 세 개비를 꺼내 피우고 손에 쥔 담뱃갑과 라이터를 밖에다 버렸다. 뭔가 잘못되었다는 인식은 있었기에 매일 밤이면 담배를 끊고 싶었다. 모 아니면 도, 줄여서 차차 끊어나가야겠다는 생각은 들질 않았다. 마음이 불안하니까 뭐든지 항상 매듭짓고 싶어 했던 건데, 이것 여기 일종의 강박이다. 이런 생활이 수년째 지속되었다.

앞에서도 말했지만, 그렇게 차분함이 결여된 20대의 막바지에 책을 만났다. 허기진 마음을 달랠 수 있을까 하는 마음에, 또 인생이란 전쟁에서 패잔병으로 전락할지도 모른다는 두려움에 강박적으로 책을 읽기 시작했다. 하루에 네 권씩 경제, 심리, 역사, 철학, 문학 등 장르를 가리지 않고 포식자처럼 책을 탐했다. 그러다 천 권이 넘어갈 무렵 내 앞에 광명이 비치는 것만 같았다. 나도 무언가 할 수 있을 것 같았고, 그게 뭔지는 아직 몰랐지만, 뭐라도 제대로 해보고 싶었다. 니체의 인생과 철학이 내 몸에 그대로 흡수되는 것 같았고, 나도 내 인생의 주인공으로 살아보고 싶었다.

그때부터 읽기의 시간이 쓰기의 시간으로 바뀌었다. 이제는 다른 사람의 생각을 읽고 받아들이는 시간보다 내 생각을 표현하고 창작하는 시간을 더 많이 갖고 싶다는 생각이 들었다. 그렇게 강박적으로 글을 쓰고 내가 쓴 글을 다듬기 시작했다. 여전히 불안했지만, 불안의 원인을 알게 되었고, 나의 좋지 않은 성격적 자질을 들여다보게 되었다. 자각할 수 있으니 고쳐지는 것은 금방이었다. 그리고 결핍을 인정하고 그것을 성장을 위한 에너지원으로 사용하기 위해 노력했다. 지금도 나는 하루에 만 자 이상을 쓰지 않으면 불안하다. 동시에 원고의 첫 삽을 뗄 때는 그 순간부터 조급해지고 빨리 책을 내놓고 싶은 강박이 발동한다. 그러나 과거와는 달리 나는 내가 할 일을 찾았기에 불안은 이내 부지런함과 성실함으로 승화된다.

　그러니 인생에 결핍과 그늘이 많을수록 자신이 하고 싶고, 해야 하고, 할 수 있는 일을 빨리 찾아야 한다. 불안을 배출시킬 통로를 찾은 뒤, 내 마음은 놀랍도록 평온하고 차분해졌다. 성격 또한 전보다 훨씬 단단해졌다.

결핍이 있는
사람들의 무기

　　자신의 결핍을 노력으로 극복하면 상상 이상의 큰 힘이 발휘된다. 나는 아직 세상이 인정하는 압도적인 성과를 냈다고 할 순 없지만, 그래도 나는 특유의 근면성으로 스스로 삶을 바꿨다는 사실만큼은 분명히 알고 있다. 그리고 이런 나의 행보가 나와 비슷한 결핍과 그늘을 가진 누군가에게 희망의 증거가 되기를 바란다.

　　인간 본연의 힘은 오롯이 혼자 있을 수 있는 능력이 있을 때 발휘된다. 뒤에 자세히 설명하겠지만, 결론적으로 '관계력'은 누구에게도 의지하지 않고 혼자 있을 수 있는 능력이 갖춰져 있을 때 발휘된다. 혼자임을 자각하고 즐기는 사람은 쉽게 휘둘리지 않으며, 부정적 영향을 끼치는 사람들도 자신의 삶에서 가볍게 밀어낼 수 있다. 그때야 비로소 관계 전반에서 협상력을 획득하게 되고, 더 많은 시간을 확보하게 된다. 그 시간적, 심적 여유를 통해 자신이 하고 있는 일에 더욱 몰입할 수 있고, 건강 관리를 비롯한 자기계발에도 더욱 에너지를 쏟을 수 있다. 이런 시간이 쌓여 개인의 매력이 점점 커지는 것이다.

결핍이 큰 사람은 냉철하고 생각도 깊다. 1788년 프로이센에서 태어난 철학자 쇼펜하우어Arthur Schopenhauer의 아버지는 일찍이 스스로 목숨을 끊었다. 자살하기 전 성공한 사업가였던 그의 아버지는 그를 인형처럼 조종했으며 냉대와 무시로 대했다. 부모는 매일 격렬하게 서로를 할퀴었기에 그에게 의지할 것이라고는 철학밖에 없었다. 그의 어머니 요한나 헨리에테Johanna Henriette는 당시 인기가 엄청난 작가였고, 남편이 죽자 살롱을 꾸려 자유연애를 즐겼다. 괴테는 헨리에테에게 당신의 아들이 유명한 인물이 될 것이라 말했고, 그 말에 헨리에테는 한 가문에 두 명의 천재는 없다며 아들을 질투하기 시작했다. 아들을 노골적으로 핍박했으며, 끝내는 그를 계단 밑으로 밀어버린 적도 있었다. 그 일이 있고 얼마 뒤 쇼펜하우어는 고향을 떠나 자신의 염세주의 철학을 완성한다. 그는 인생은 고통과 권태 사이를 오가는 시계추라고 강변한다.

쇼펜하우어의 삶을 통해 알 수 있듯 성장기에 크나큰 고통을 겪은 이들은 '나라는 존재는 무엇인가?', '세상은 어떻게 구성되어 있는가?'와 같은 큰 질문에 남들에 비해 일찍 눈을 뜨고 쉽게 빠져드는 경향을 보인다. 자신의 고통을 이해하기 위해 관심과 사고의 범위를 무한히 확장하는 것이다. 그리고 그런 투쟁이 잘 이뤄지면, 남다른 자신의 생각을 정립하고 매듭지은 뒤 이를 구체화하는 단계로 나아간다.

"가방 메고 학교 다니는 평범성과는 거리가 멀었어요. 책은 잡히는 대로 읽었어요. 중세 서양 철학사였습니다. 어르신들은 '쪼그만 게 뭘 알겠냐'면서 나무라셨지만 전 속으로 그랬습니다. '이해가 안 되니 읽지, 이해가 되면 책을 왜 읽나?' 읽어두니 필요할 때 저 자신이 대화의 숙주가 됩니다. 스스로 어둠이 걷히고 밝아지는 때가 와요. 요리도 책도."[4]

임지호 셰프의 말이다. 그를 지금의 대가로 만들어준 것은 요리 기술이나 재능이 아니라, 그만이 가지고 있는 고유한 요리 철학이었다.

스티브 잡스Steve Jobs의 생부는 시리아 이민자였던 압둘파타 존 잔달리Abdulfattah John Jandali다. 1955년 잔달리는 여자친구 심슨Joan Simson이 임신했다는 사실을 알았다. 이후 결혼하려 했으나 심슨의 아버지는 잔달리가 시리아인이라는 이유로 격렬하게 반대했고, 그렇게 태어난 스티브 잡스는 샌프란시스코의 잡스가로 입양되었다. 그러나 얄궂게도 잡스를 입양 보내고 불과 몇 달 뒤 심슨의 아버지는 세상을 떠났고, 잔달리와 심슨은 마침내 결혼할 수 있었다.

스티브 잡스는 그를 버린 생부와 생모를 증오했으며, 죽을 때까지 부모로 인정하지 않았다. 그런 그가 리드 칼리지 철학과에 입학한 건 결코 우연이 아니다. 쇼펜하우어가 가장 존경했던 인물이 부처였던 것처럼, 그 역시 동양 철학에 심취했다. 한때는 오타가와 고분乙川弘文이라는 일본인 승려 밑에서 수행을 하기도 했다. 이런 과정을 통해 생각의 둘레를 넓힌 스티브 잡스는 그 남다름으로 자신뿐만 아니라 세상 자체를 혁신했다.

대학교 시절 투자 동아리에서 만난 한 선배는 아버지와 의절할 정도로 성장기에 큰 아픔을 겪었다. 그는 기본적으로 세상과 인간을 냉소적인 태도로 바라보았다. 그럼에도 그는 이를 냉철함으로 승화시켜 세상과 시장을 바라보는 자신만의 객관적 잣대를 마련하고, 투자 공부에 지독하게 매달렸다. 이후 그는 시장의 흐름과 반대로 투자하는 역발상 투자로 이른 나이에 경제적 자유를 이뤘다. 현재 두 아들의 아버지가 된 그는 자식들에게 자신이 가진 결핍이 전해지지 않도록 누구보다 좋은 아버지가 되기 위해 노력하고 있다.

언제부턴가 연예인 부모들의 빚투 문제가 여기저기에서 들린다. 심한 경우 자녀의 유명세를 이용해 사기 행각을 벌이기도 한다. 부모로서의 기본적인 윤리성조차 없는 것이다. 그러나 부모가 누구든 그 밑에서 어떠한 상황을 겪어왔든 이에 대한 원망으로 삶을 소진하는 것은 자신을 또 다른 낭떠러지로 밀어버리는 행위다. 과거에 대한 원망으로 바꿀 수 있는 것은 아무것도 없다. 쉽지 않겠지만 오롯이 현재를 살며 현재에 대한 노력으로 미래를 밝게 가꾸어나가야 한다.

이를 위한 효과적인 방법은 부모가 된 자신의 모습을 상상하는 것이다. 내가 한 가정의 부모가 되어 자녀들에게 어떠한 아버지와 어머니가 될 것인지, 그리고 어떤 삶의 노하우를 가르치고, 지지하고 애정을 보일 것인지 구체적으로 상상해보는 것이다. 이는 불행한 가정사를 극복하는 데 큰 도움이 된다. 과거 자신이 겪어왔던 과정을 통해 좋은 부모의 역할에 대해 남들보다 조금 더 깊이 성찰할 수 있는 계기를 마련한다면, 영원히 빠져나올 수 없을 것만 같은 어두운 기억들로부터 의외로 담담하게 벗어날 수 있다.

건강하지 못한 세 가지 불안정 애착 유형 중 하나를 갖고 있다면, 자기 안에 있는 좋지 않은 성격적 자질들을 자각하고 이를 고치기 위해 노력해야 한다. 그리고 자신이 가진 결핍을 메울 과업을 찾고, 그 과업에 남들보다 더 깊이 매진해야 한다. 또 자신이 부모가 될 모습을 상상하며 과거에 대한 원망에서 벗어나야 한다. 이러한 과정을 성실히 수행한다면 불우한 과거로부터 해방될 것이며, 관계에 있어 주도권을 가지는 강한 힘을 얻게 될 것이다. 건강한 관계력은 먼저 자신의 과거와 정면으로 마주하는 것으로부터 시작된다.

어른이 되지 못하는 사람들

마음이 늘 불안한 이유

앞서 에인스워스의 애착 이론에 관해 설명했다. 에인스워스는 회피, 양가, 혼돈 애착을 '불안정 애착'으로 분류한다. 그리고 이 불안정 애착은 성인이 되어서도 사라지지 않고 성격을 통해 내면화된다. 그렇다면 이 불안정 애착을 지닌 사람들의 본질적인 공통점은 무엇일까.

그들은 모두 성인이 되어서도 대체로 불안하다. 나의 말과 행동이 상대에게 영향을 줄 수 있을지에 대한 확신이 없다. 그들의 유년 시절은 소음으로 가득 차 있었고, 주 양육자는 그들의 말에 귀 기울여 주지 않았기 때문이다. 그래서 그들은 자극적으로 말하고 과하게 행동한다. 그렇게 해야만 상대방이 내 목소리를 들어줄 거라 착각하고 이것이 어느새 습관이 되어 있기 때문이다. 그리고 타인을 지배하거나 반대로 타인에게 지배받는 것을 선호한다. 타인과 적정 거리를 형성할 수 있는 기술도 부족하고, 그 적당히 떨어진 거리감에 오히려 불안을 느낀다. 그래서 차라리 부정적인 영향을 주고받더라도 거리를 좁힌 확실한 관계가 마음이 더 편하다.

하지만 자극적으로 말하고 과하게 행동한다는 건 곧 관계에 있어 협상력을 잃는 것을 뜻한다. 그들은 자기 존재 가치에 대해 스스로 납득하지 못한 상태이기에 타인에게 필요 이상의 영향력을 발휘하려 애쓰고, 그런 태도로 인해 본인의 매력을 깎아먹는다. 매사에 뭔가 억지스럽고 간절한 사람에게 사람들은 매력을 느끼지 못하기 때문이다.

나 역시도 20대 시절엔 인간관계를 타인을 설득하기 위한 시간으로 허비했다. 대부분은 그런 나를 부담스러워했다. 나와의 만남이 자연스럽고 편안하지 못했기 때문에 관계가 이어질수록 나의 매력은 내 입에서 분무되는 침과 함께 바닥에 내던져졌다. 경영학과에 진학하면서 내가 유일하게 즐겼던 시간은 바로 조별 활동 이후 이어지는 프레젠테이션 시간이었다. 그 10분 남짓한 시간 동안 사람들은 내 말에 귀 기울여 주었고, 나는 타인을 설득할 명분을 얻었다. 그렇게 합법적으로 주어진 설득의 시간 동안 나는 안온함을 느꼈다.

불안정 애착이 몸에 밴 사람들이 그렇지 않은 사람들에 비해 가지는 몇 안 되는 장점 중 하나는 달변가로 성장할 가능성이 크다는 것이다. 그들은 기본적으로 타인이 자신의 목소리를 들어주지 않는 환경 속에서 자라왔다. 그것이 불건전한 방향으로 자리 잡게 되면 떼를 쓰고 매 순간 감정에 차 있는 몰골이 된다. 그렇게 해야만 그나마 자신의 목소리를 세상에 전달할 수 있기 때문이다. 그러나 그들 중 합리적인 사고를 내재화한 일부는 감정이 아닌 논리와 언어적 세공을 통해 자신의 말을 타인의 귓등에 머물게 하는 기술을 축적해나간다. 그리고 그것이 어느새 그의 경쟁력이 된다. 실제로 명연사나 자신만의 뚜렷한 철학을 갖춘 선지자 가운데는 불우한 가정환경에서 자라난 사람이 유독 많다.

나는 대학 시절 말이 빠르다는 소리를 많이 들었다. 소음으로 가득 찬 유년기를 보내는 동안 내가 하는 말은 다른 상황과 사람에 의해 자주 끊겼다. 그러니 조바심이 나 짧은 시간 안에 하고 싶은 말을 최대한 많이 해야 한다는 강박이 생겼다. 기본적으로 나의 이야기를 상대가 온전히 시간을 할애해 들어줄 거라는 확신이 없었다. 그나마 다행인 점은 그런 과정을 통해 논리적으로 내 의견을 전달하는 역량이 향상되어 왔다는 사실이다. 이는 내가 지금 이렇게 글을 쓸 수 있는 힘의 밑바탕이 되어주기도 했다.

그리고 점차 타인이 내 말에 귀 기울인다는 확신이 생기자 점차 나의 말에 힘을 뺄 수 있게 되었다. 실없는 농담과 스몰토크도 꽤나 자연스럽게 할 수 있게 되었고, 힘을 주어 말할 때와 힘을 빼고 말할 때를 구분할 수 있게 되었다. 특히 계속 힘주어 말할 때보다 적절히 강약 조절이 되고 완급 조절이 된 상태에서 힘주어 말할 때 내 언어가 상대의 귓가와 머리에 더 오래 머문다는 확신을 얻었고, 실제로 그렇게 말할 수 있게 되었다. 내가 긴 시간 불안하지 않았다면 나는 결코 그렇게 되지 못했을 것이다.

주변을 돌아보면 말과 행동이 과잉되어 있고 표정에서 자신의 불안감을 고스란히 드러내는 사람들이 제법 있다. 그들은 편안한 관계 속에서도 끊임없이 이슈가 될 만한 소재를 물어다오거나 스스로 이슈가 되는 방식을 통해 자신의 존재 가치를 증명하고자 한다. 오랫동안 마음속에 자리 잡고 있었던 질긴 불안감이 결코 일순간에 없어지진 않을 것이다. 그래서 우리는 그 불안감을 감정이 아닌 논리와 이성을 통해 해소할 수 있도록 부단히 노력해야 한다.

아리스토텔레스Aristoteles는 수사학의 세 가지 요소로 로고스Logos와 파토스Pathos와 에토스Ethos를 이야기한다. 쉽게 말해 로고스는 논리, 파토스는 감정, 에토스는 말하는 사람이다. 에토스가 중요한 이유는 말하는 사람에 대한 신뢰도가 있으면 듣는 사람은 그 말에 더 쉽게 납득하기 때문이다. 그러니 타인이 나에 대한 신뢰가 움트지 않은 상황에서는 최대한 말을 아끼는 것이 좋다. 나에 대한 인상이 좋아지고 신뢰가 쌓인 후에 자신이 하고자 하는 이야기를 정갈하게 전달하는 감각을 키워야 한다.

그리고 남은 파토스와 로고스 중에서 더욱 중요한 것은 로고스다. 감정은 논리라는 요리 위에 얹어진 양념에 불과하다. 과잉된 감정만으로는 결코 상대의 행동 양식을 바꿀 수 없다. 명분과 논리와 실리가 필요하다. 그 위에 감정을 얹어야 한다. 그러나 많은 사람이 과잉된 감정만으로 상대가 나를 바라봐주길 바라고, 이것이 뜻대로 되지 않으면 또다시 서운함과 좌절감이라는 감정에 매몰되는 악순환에 빠진다.

적절하지 않은 상황에서 애써 격앙된 목소리를 내뱉는 것은 자신의 낮은 사회성만 증명할 뿐이다. 동시에 스스로도 납득하지 못하는 자신의 자존감을 주변에 티 낼 뿐이다. 그렇게 그들은 전하고자 하는 메시지도 곁에 머무르는 사람도 잃게 된다.

『도덕경』 45장에 '정승조 한승열靜勝躁 寒勝熱'이라는 말이 있다. 고요함이 조급함을 이기고 추위가 더위를 이긴다는 뜻이다. 관계력이 있는 사람치고 차분하지 않은 사람을 본 적이 없다. 그러니 마음이 불안으로 요동친다 하더라도 차분함이 자신의 인격과 성격이 되도록 부단히 노력해야 한다. 차분함은 거세게 휘몰아치는 환경 속에서도 자신을 지킬 수 있는 강인함이자 내면의 견고함의 상징이다. 그리고 평상시에 차가워야만 내면의 에너지를 비축해 정말 필요할 때 활화산처럼 뜨거워져 상대방의 시선을 끌 수 있다. 차가움은 뜨거움의 지렛대다. 우리는 세상과 타인으로부터 자신을 지키기 위해 차분함을 내재화하고 논리와 이성이라는 방패를 걸쳐야 한다.

죄책감의 배달꾼들

만나는 상대들이 자신에게 미안해하길 바라고 끊임없이 상대에게 죄책감을 갖도록 유도하는 행동 양식을 가진 사람이 있다. 그들은 스스로 섬에 갇혔다고 느낄 것이다. 자신의 인생이 미련과 후회로 가득하기에 또 스스로가 불쌍하기에 타인이 그 모습을 알아봐주고 관심을 가져주길 바라는 것이다. 그들은 타인이 자신에게 행하는 아홉 개의 친절보다단 하나의 실수에 집중하며 끊임없이 이를 상기시킨다. 이것이 불편해진 타인은 웃는 얼굴로 머쓱해하며 어물쩍 그에게서 멀어져간다. 그럴수록 그는 더더욱 그 섬에 갇혀버리고 만다.

그들은 고고학자처럼 집요하게 상대의 행동을 분석하며 상대가 미안해할 거리를 찾아낸다. 그러나 사람은 누구나 자신에게 떠미는 무거운 죄책감을 몸으로 받아들일 생각을 하지 않는다. 무겁고 귀찮고 불편하기 때문이다. 일상에서 발생하는 대부분의 사과는 그저 상황을 모면하기 위한 사과일 뿐이다. 확증 편향을 타고난 우리들은 자신이 옳다는 생각을 좀처럼 굽히지 못한다. 그래서 죄책감을 전가하는 행동만으로 자신이 옳다고 생각하는 상대의 생각을 바꾸기는 어렵다.

'내가 옳다.' 그것은 인간의 사고를 지배하는 기본값이다. 그래서 그 단단한 기본값을 뜯어고치려고 자신의 감정을 허비하는 일은 매우 비효율적이다. 대부분의 경우 미안함을 강요받거나 추악한 면이 드러났을 때 들불처럼 일어나는 것은 방어기제다. 뇌 속에 각인된 기본값과 배치되는 정보를 받아들일 때 대부분은 그 즉시 저항하고 자신의 행동을 합리화하려는 본능에 굴복한다. 그리고 자신에 대한 상대의 부정적인 견해가 지속적으로 확인될 경우 자칫 그들은 좋은 사람으로 보이기 위한 노력 자체를 포기하고 공격적인 태도를 취하기도 한다.

미안해할 만한 까닭이 충분하고 또 미안해할 수 있는 용기와 그릇을 지닌 사람은 언젠가 스스로 미안함을 전한다. 그러나 그 언젠가가 언제가 될지 우리는 예상할 수 없다. 각자 자신의 삶을 살기 바쁘기 때문이고, 자신에게 더 급하고 중요한 일에 몰두해 있기 때문이다. 그 상황 속에서 스스로의 행동을 되돌아볼 여유는 별로 없다. 그건 상대도 나도 마찬가지다. 그러니 우리는 상대의 미안함에 대한 애꿎은 기대를 삶에서 덜어내야 한다.

삶은 본디 역설의 연속이다. 인간관계에서도 덜어내야 얻을 수 있는 것이 많다. 말하고 싶은 욕심을 덜어내야 더욱 온전히 타인의 말을 들을 수 있고, 그로 인해 내 곁에 남아 있는 사람들로부터 위안을 얻을 수 있다. 타인에 대한 물질적 기대를 덜어내야 상대의 신뢰를 얻을 수 있고, 그로 인해 더 많은 생산적인 일을 도모할 수 있다. 공감에 대한 기대를 덜어내야 더 많은 공감을 해줄 수 있고, 그로 인해 이기적인 다수로부터 한순간의 공감을 쟁취해낼 수 있다. 발뒤꿈치를 들고 서 있는 사람은 오래 서 있지 못하고, 큰 걸음으로 걷는 사람은 오래 걷지 못한다.

『도덕경』 3장에는 '허기심 실기복虛其心 實其腹'이라는 구절이 있다. 마음을 비우고 배를 든든하게 채우라는 노자의 가르침이다. 상대가 나에게 잘못한 것에 대해 골몰해 인상 찌푸리며 지내는 시간이 길어질수록 우리는 일상의 더 많은 소중한 것을 놓치게 된다. 타인이 내게 행한 한 가지의 잘못보다 아홉 가지의 친절과 웃음에 감사해하며 살아가는 태도만이 내 마음을 편안하게 하고, 그 편안함이 내 주변 사람들까지 편안하게 할 것이다.

내가 곧 나의 교과서

마이크 타이슨Mike Tyson. 복싱 역사상 거론되지 않을 수 없는 최고의 헤비급 복서다. 그는 데뷔 후 37연승, 19연속 KO승을 거둘 만큼 강력한 펀치력과 스피드를 가진 일류 복서였다. 그런 그의 어린 시절은 매우 불우했다. 절도와 폭행을 일삼아왔으며, 고작 열두 살의 나이에 서른여덟 번이나 경찰에 체포되었다. 그러던 중 소년원에서 그는 위대한 스승 커스 다마토Cus Damato를 만난다. 소년원 복싱 코치였던 그는 타이슨의 재능을 알아본 뒤 그를 양자로 삼아 집에 들였다. 그는 따뜻하게 타이슨을 품었고 정신적으로 보듬어주었다.

그는 타이슨이 학교에 가기 싫어하자 가정교사를 불러 그를 교육했고, 많은 위인전을 사주면서 꿈을 독려했으며, 칭찬과 격려도 아끼지 않았다. 또 타이슨이 너무 버릇없는 행동을 할 경우에는 가차 없이 꾸짖음으로써 예의범절을 가르쳤다. 타이슨은 자신을 가족처럼 품어준 다마토에게 마음을 열었고 그에게 의지하며 행복한 나날을 보냈다.

다마토는 어린 타이슨을 회상하며 이렇게 말했다. "한 소년이 불씨와도 같은 재능을 갖고 내게로 왔다. 내가 그 불씨에 불을 지피자 불길이 일기 시작했다. 키울수록 불은 계속 타올랐고, 결국 찬란히 빛나며 활활 타오르는 아름다운 불꽃이 되었다. 이것이 바로 작은 불씨만으로도 누군가의 인생을 완전히 바꾸어줄 수 있는 우리의 위대한 힘이 아니겠는가."

그러나 타이슨이 최연소 챔피언에 오르기 직전인 1985년 다마토는 폐렴으로 인해 77세의 나이로 세상을 떠난다. 스승이 세상을 떠난 직후에 챔피언 벨트를 따낸 타이슨은 링 위의 인터뷰에서 오늘의 경기를 다마토에게 바친다며 그를 추모했다.

타이슨은 뛰어난 재능을 갖춘 선수였지만 대중의 머릿

속에 박힌 그의 이미지는 그다지 좋지 못하다. 스승의 죽음 이후 사치와 방탕에 빠지며 거센 속도로 무너졌기 때문이다. 많은 사기꾼이 어리숙한 타이슨의 돈을 노리고 접근했으며, 주위에는 아부꾼만 가득했다. 그리고 프로모터들은 끊임없이 타이슨의 공격성을 부추겼다.

자연스레 대중의 이미지도 나빠졌다. 코치들과의 불화도 늘어나 훈련도 제대로 소화하지 못했고 결국 경기력마저 떨어지기 시작했다. 그렇게 그는 스스로의 커리어를 망쳤다. 많은 복싱 전문가가 타이슨 곁에 다마토가 있었다면 아마 복싱의 역사가 바뀌었을 거라고 입을 모아 이야기한다.

커스 다마토 역시 타이슨처럼 불우한 유년 시절을 보냈다. 일찍이 어머니를 여의었고, 어린 나이에 길거리 싸움에 휘말려 한쪽 시력을 잃었다. 그가 선수 생활을 포기하고 트레이너의 삶을 산 이유다. 불행한 환경에서 매일 가난과 싸우며 지내온 그였기에 타이슨의 마음을 더욱 잘 알고 공감해 줄 수 있었으며 진심으로 그를 도울 수 있었다.[5]

누구나 살면서 많든 적든 우리 삶에 긍정적인 영향을 줄 수 있는 타인을 만나고, 그들에게 의지하고 도움을 받을 기회를 얻는다. 그런데 여기에서 한 가지 명심해야 할 것은 자신이 가진 인생의 무게는 결국 자기 자신만이 책임질 수 있다는 사실이다. 타인이 가진 인생의 무게 역시 우리는 감당할 수 없다. 각자에게 주어진 몫과 시간 역시 저마다 다르다. 그러므로 자신의 인생을 온전히 살아가고자 한다면 언젠가는 누군가에 대한 의존에서 벗어나야 한다. 스스로 규율을 세우고 이를 지키고 따르는 삶을 살아야 한다. 그렇지 않으면 타이슨처럼 스승의 부재만으로 인생이 다시 나락으로 빠질 수 있다.

한 개인의 삶은 그의 죽음으로 완성된다. 인디언 나바호족에 전해지는 유명한 말이 있다. "네가 세상에 태어날 때 너는 울었지만 세상은 기뻐했으니, 네가 죽을 때 세상은 울어도 너는 기뻐할 수 있도록 그런 삶을 살아라."

생애 첫울음을 터뜨린 산부인과의 분만실에서 우리를 받은 의사와 간호사는 우리가 터뜨린 울음을 보고 미소 짓는다. 그들의 미소에는 오늘의 할 일을 잘 마쳤다는 후련함과 자신의 눈앞에 놓인 무구한 생명체에 대한 동경이 섞여 있다. 간호사가 두 팔로 곱게 안은 우리를 땀범벅이 된 여인에게 건네자 그녀 역시 눈물범벅인 채로 미소 짓는다. 나바호족의 말처럼 우리는 태어남과 동시에 많은 사람을 미소 짓게 한다.

그렇게 작디작은 여린 생명체는 깜깜한 양수에서 벗어나 밝은 빛과 마주한다. 처음 보는 세상은 환하다. 형광등의 빛도 밝고 자신을 바라보는 무수한 동공의 빛도 환하다. 그렇게 빛과 함께 생명의 시계는 째깍째깍 흐른다. 환함은 몇 년간 지속된다. 이 빛은 적어도 10년 동안은 꺼지지 않을 것이다. 마주하는 모든 사물에 의문부호가 붙기 시작하고 세상에 대한 수많은 것을 하나하나 알아갈 것이다. 그러다 어느 정도 나이가 들면 역할과 책임이라는 무거운 것들을 하나씩 마주하게 된다. 학생, 직장인, 아내, 아버지 등의 역할을 부여받고 이를 어깨에 짊어지고 살아간다. 저마다 맡게 되는 역할은 다르겠지만 누구나 그렇게 살아간다.

그 역할에 임하는 태도를 통해 우리 삶은 평가받는다. 우리가 수행하는 역할이 남긴 흔적들이 곧 우리의 정체성이 된다. 그리고 자신을 긍정적으로 바라보는 사람의 시선이 존재할 때 일의 능률은 더 오른다. 이런 현상을 심리학에서는 로젠탈 효과Rosenthal Effect라고 부른다. 자신을 높게 평가하는 타인의 온기 어린 시선은 분명 한 개인의 삶에 긍정적인 영향을 미친다.

그러나 그 시선들은 영원하지 않다. 언젠가 반드시 멎는다. 누구나 자기 자신의 삶이 더 중요하기에 누구 한 사람만을 위해 언제고 일정하게 따뜻한 시선으로 바라봐줄 수는 없다. 운이 좋아 그런 사람이 곁에 있더라도 언젠가는 생물학적 수명이 다한다. 숨이 멎을 때까지 내 곁에 언제나 머무는 존재는 나 자신뿐이다. 그러니 우리는 지금 스스로 점검해보아야 한다. 과연 나 자신은 스스로를 따뜻하게 바라보고 있는가.

이 질문에 그렇다고 자신 있게 답할 수 있는 사람은 많지 않을 것이다. 나 역시 마찬가지다. 쉽지 않겠지만 우리는 자기 자신을 긍정적으로 바라보는 습관을 들여야 한다. 그렇게 자기 자신에게 넉넉한 마음을 기질 수 있는 사람만이 타인에게도 그런 사람이 되어줄 수 있다.

인간에게는 누구나 심판자의 본능이 있다. 타인의 행보를 지켜보고 그로 인해 형성되는 정체성을 판단하고 평가하길 좋아한다. 나 스스로도 쉽게 파악할 수 없는 복잡계인 나인데, 사람들은 그런 나를 자신들의 입맛에 맞게 간편하게 분류하고 값을 매긴다. 이 과정은 결코 멈추는 법이 없다. 내가 심혈을 기울여 쓰고 있는 이 책 역시 온라인 서점의 별점과 리뷰들로 그 가치가 정해질 것이다.

그러므로 우리는 더더욱 스스로를 높게 평가하고 그 평가를 행동으로 증명해나가야 한다. 그래야만 타인의 심판에 휘둘리지 않고 내가 되고자 하는 나 자신이 될 수 있다. 타인의 긍정적인 평가를 구걸하지 않는 자세는 관계의 협상력을 다지기 위한 초석이다. 결국 나만이 나의 유일한 동반자이며 결코 배신하지 않는 친구임을 명심하자. 그것이 이 아름다운 삶의 엄정한 비애悲哀다. 이리저리 휘둘리는 사람에게 자신이 가진 영향력의 일부를 양도하는 사람은 어디에도 없다.

관계력은 상대에게 의존하지 않고,

구태여 지배하지 않으려는 상태인

차분함과 평정심에서 비롯된다.

그러니 만약 우리가 자신의 과업에서

향상욕을 충족하지 못하고 있다면,

그 사실을 인지하고 타인과의 관계를

우월감 배출의 통로로 삼지 않도록

각별한 주의를 기울여야 한다.

인간을 보는 창

누구나 우월성을 추구한다

칼 융Carl Gustav Jung, 지그문트 프로이트Sigmund Freud와 함께 심리학의 3대 거장으로 손꼽히는 알프레드 아들러Alfred Adler. 그는 우월성을 추구하려는 인간의 경향성을 인간 행동 양식을 이해하는 가장 근본적인 원리로 삼았다. 여기서 말하는 우월성은 현재의 상황에서 더 나아지려고 하고, 아직 미완의 것을 완성해나가려고 하는 심리의 발현이다. 단순히 타인에 비해 더 월등해지기 위한 마음과는 차원이 다르다.

인간은 문제에 직면했을 때 모자란 것은 채우고, 낮은 것은 높이고, 무능한 것은 유능한 것으로 바꾸려고 한다. 그래서 아들러는 바람직한 생활 양식을 바탕으로 우월성을 추구하는 삶이 건강한 삶이라고 정의했다. 그는 자신의 삶을 통해 이 이론을 증명했다. 어린 시절 그는 수학 과목에서 낙제 점수를 받기도 하는 등 학업에 소질이 없었지만 포기하지 않고 열심히 공부해 우수한 성적을 받았으며, 폐렴과 구루병 등 유난히 많은 병치레를 했지만 건강에 대한 열등감을 극복하기 위해 스스로 의사가 되었다.

아들러는 열등감을 인식하고 이를 극복해 더 나아지고자 하는 인간의 노력은 선천적인 것이라고 강조한다. 걸음마를 배우는 아기는 걷고 싶어 하고, 걷게 되면 뛰고 싶어 한다. 우월성 추구란 마이너스 상황에서 플러스 상황으로 끝없이 나아가려는 인식된 동기를 말한다. 인간은 본능적으로 신체 능력이든 정신력이든 경제력이든 지금보다 더 나은 상황을 원한다. 이처럼 현재의 것에 만족하지 못하고 끊임없이 더 나은 것을 추구하게 만드는 것이 바로 뇌 속 화학물질인 도파민Dopamine이다.

인간의 문명이 발전하고 번영해온 것 역시 바로 이 도파민 때문이라고 해도 과언이 아니다. 인간은 석기 도구로 사냥감을 쫓던 시절부터 그 상황에 만족하지 않고 끊임없이 더 나은 것을 추구해왔기에 지금의 첨단 도시를 건설할 수 있었다.

뇌의 심층부인 복측피개영역Ventral tegmental area에는 유독 도파민이 많다. 이곳에서 발생한 도파민은 바로 옆 측좌핵 Nucleus accumbens으로 분비되고, 이를 통해 우리는 의욕을 느낀다. 이 도파민 회로는 인간들이 식량을 많이 구하고, 시시때때로 짝짓기하며, 경쟁에서 이길 수 있도록 도왔다. 인류는 약 20만 년 전 아프리카에서 탄생한 이래 10만 년에 걸쳐 세계 각지로 퍼져나갔다. 그렇게 흩어져 나갔기에 특정 지역에서 발생한 재해의 위험으로부터 자신을 지킬 수 있었다. 인류가 현재의 장소에 만족하지 않고 끊임없이 이동하게 만든 동력 또한 새로운 것을 추구하게 하는 도파민 때문이다.

인간의 호르몬과 관련한 또 하나의 중요한 사실은 욕구를 불러일으키는 욕구계 호르몬과 만족을 느끼는 쾌락계 호르몬이 분리되어 있다는 사실이다. 미국의 신경과학자 켄트 베리지Kent Berridge의 연구에 따르면 쾌락계 호르몬인 오피오이드Opioid보다 욕구계 호르몬인 도파민이 거의 항상 더 강하게 작용한다.[6] 그래서 인간은 매 순간 만족하지 않고 무언가를 추구하며 살아갈 수밖에 없는 유기체인 것이다.

게임에 빠진 사람들은 가상현실 속 자신의 캐릭터들을 계속해서 레벨 업 하기 위해 시간과 노력은 물론 많은 돈까지 투자한다. 하지만 애석하게도 정작 목표를 달성하고 게임을 클리어하는 순간의 만족감은 오래 가지 않는다. 도파민은 곧바로 다른 캐릭터나 다른 게임으로 넘어가 다른 목표를 추구하기를 계속 요구한다.

위대한 심리학자 아들러는 1937년 세상을 떠났다. 그리고 그가 세상을 떠난 지 20년이 지난 1958년 그가 이야기한 우월성 추구 본능은 스웨덴 의학자 아비드 칼손Arvid Carlsson이 도파민이라는 뇌 속 화학물질을 발견함으로써 증명되었다. 우리가 잊지 말아야 할 사실은 인간이라면 누구나 내적 우월성을 추구한다는 사실이다. 이 간단한 사실에 대해 명확히 인식하면 인간을 바라보는 이해의 폭이 확연히 넓어진다.

우리가 자기계발을 하는 이유, 승진을 원하는 이유, 더 많은 돈을 벌길 원하는 이유, 몸을 가꾸기 위해 운동하는 이유 등의 기저에는 우월성 추구의 본능이 자리 잡고 있다. 너나 할 것 없이 항상 각자의 기준에서 더 나은 사람이 되길 원한다. 심지어 자신의 시간과 정성을 들여 인터넷에서 악성

댓글을 다는 사람들조차 이런 작업을 통해 더 많은 영향력을 미치고 싶어 하는 것이다.

아들러는 이렇게 말했다. "사람은 누구나 보통으로 있을 용기가 없기에 우선은 남들보다 특별히 잘하려고 한다. 그리고 만일 해내지 못할 경우에 특별히 나빠지려고 한다. 비뚤어지거나 포기해버리는 것이다. 그렇게 함으로써 간단히 우월감을 손에 넣을 수 있다고 생각한다."[7]

애착 유형 중 양가 애착은 양육자가 다가오면 화를 내거나 밀쳐내는 식으로 격하게 감정을 표출한다. 이런 사람들은 자신의 기준에서 우월성을 추구할 능력이 없거나 상황이 여의치 않다고 판단할 경우, 타인을 착취하거나 공격성을 배출하는 식으로 우월성을 획득하고자 한다. 세상과 사람에게 떼를 써서 자신의 열등감을 해소하거나 자신이 원하는 것을 얻고자 하는 것이다. 그러므로 양가 애착 성향이 두드러진 이들과 인간관계를 맺을 때는 특별히 더 조심해야 한다.

우월성 추구라는 인간의 기본 작동 원리를 알게 되면 인간이 보이는 파멸적 행동에 대한 근본 원인을 성찰해볼 수도 있다. 한국의 자살률은 OECD 국가 중 단연 1위다. 다 그런 건 아니기에 조심스럽게 말하는 것이지만, 정신의학적 관점에서는 스스로 목숨을 끝내는 사람들이라고 해서 우월성을 추구하지 않는 것이 아니다. 오히려 그들이 타인에 비해 그 욕구가 더 두드러지는 경우도 많다. 더 나은 삶을 강하게 추구하는데 여건이 되지 않는다고 판단하여 모든 것을 포기하는 것이다.

게임 캐릭터를 육성할 때도 우리는 자신의 뜻대로 아이템이 모이지 않는다거나 잘못 키웠다고 판단될 경우 그냥 캐릭터를 삭제해버린다. 더 나아질 기미가 보이지 않기 때문이다. 우리는 상황이 극도로 악화될 경우 모든 것을 리셋하고 싶어 한다. 그 강박이 극단적 수준에 치달으면 자신의 존재마저도 리셋해버리는 것이다. 자신이 꿈꾸던 진정한 자신으로 올라갈 수 없으니 아예 자신을 지워버리는 것이다.

독일 한 항공사의 부기장 귄터 루비츠Andreas Günter Lubitz는 기장이 화장실에 간 사이에 조종실 문을 안으로 걸어 잠그고 추락 사고를 일으켰다. 그 사고로 루비츠 본인을 포함해 150명이 목숨을 잃었다. 끔찍한 사고 뒤 경찰은 루비츠의 주위 사람들을 조사하기 시작했다. 예상과는 다르게 주위 사람들이 한결같이 루비츠를 좋은 사람으로 기억했고, 그의 이웃들은 그를 사랑스러운 사람이라고 증언했다. 그런 그가 왜 이런 극단적인 사고를 일으켰을까.

사고 후 조사에 따르면 루비츠는 급속히 시력 저하가 진행되어 시력 상실 상태에 이르는 중이었다고 했다. 사고 몇 주 전 루비츠는 새 자동차를 두 대나 사고, 여자 친구에게 는 "나는 언젠가 모든 시스템을 바꿔버릴 일을 할 것이고, 세상 모든 사람이 내 이름을 알게 될 것이다"라고 말했다고 한다. 곧 다가올 실명의 두려움에 자신이 가진 모든 가능성이 거세당하는 감정을 느꼈고 마침내 최악의 행동으로 자신을 지우는 일을 저지른 것이다.[8]

한강 몸통 시신 사건의 범인 장대호는 무기징역을 선고받고 평생 바깥 해를 보지 못하는 상황 속에서도 계속해서 언론사에 자신이 쓴 시를 편지로 보냈다. 영향력을 미치고 싶어 하는 갈증을 떨쳐내지 못했기에 나오는 행동이다. 이처럼 연쇄 살인마들의 프로파일링 일지를 보다 보면, 자신이 사법 시스템을 이겼다고 말하거나, 경찰들은 멍청하다고 말하거나, 피해자들을 비웃으며 승리감에 도취해 있는 경우가 비일비재하다. 좌절된 우월성 추구가 비뚤어진 우월성 추구의 방식으로 나타난 것이다.

결론 내리자면, 사람들은 누구나 각자의 우월성을 추구

하며 살아간다. 최악의 살인자부터 모두에게 추앙받는 성인까지 인간이라면 누구나 가지고 있는 본능이다. 그러니 가장 중요한 건 바로 자신의 과업을 통해 우월성을 추구해야 한다는 사실이다. 그렇지 않고 자신의 과업을 통한 우월성 추구에 실패하면, 양가 애착이 공격성과 지배욕, 과시욕으로 발현되어 주변 사람에게 해를 끼치게 된다.

타인과 관계를 맺을 때도 상대방이 현재 어떤 방향으로 우월성을 추구하고자 하는지를 파악해야 한다. 그것을 읽을 수 있으면 수많은 갈등을 예방할 수 있고, 상대의 비뚤어진 마음에서 시작되는 공격으로부터 자신을 지킬 수 있다. 우월성 추구는 인간의 행동을 이해할 수 있는 가장 거대한 창이다. 이 창을 통해 끊임없이 내 마음을 점검하고 내 주변 사람들의 마음을 읽어보자.

우월감의 5가지 종류

1. 역할에 대한 우월감

우리는 한 인생을 살면서 다양한 역할을 자의적, 타의적으로 수행하게 된다. 자녀로서의 역할, 직장에서의 역할, 부모로서의 역할, 친구로서의 역할 등이 그것이다. 우리는 자신에게 주어진 그 역할을 비교적 잘 수행했다는 사실에서 우월감을 느끼게 된다. 자녀로서 부모에게 용돈을 드릴 때 행복감을 느끼고, 부모는 장성한 자녀들이 자리를 잡는 것을 보며 마음이 뿌듯해짐을 느낀다. 직장인은 맡은 바 역할을 훌륭하게 완수해 좋은 성과를 냈을 때 사회의 구성원으로서 자부심을 느낀다.

이처럼 우리는 종종 자신이 소극장 속 연극배우가 된 것 같은 기분을 느낀다. 하지만 수행해야 할 역할이 늘어남에도 먼지가 켜켜이 쌓인 소극장 무대 위의 우리를 바라보는 관객의 수는 많지 않다. 그마저도 심드렁한 표정으로 하품을 하고 있거나, 함께 온 연인 혹은 친구와 잡담을 나누기 바쁘다. 그럼에도 우리는 남들이 보건 말건 자신의 역할에 최선을 다한다. 무대 위 동선을 꼼꼼히 살피고, 혹여 대사가 틀리지 않을까 긴장을 늦추지 않는다.

환호를 받는 보컬의 등 뒤에서 묵묵히 기타를 연주하는 장발의 기타리스트 역시 희열을 느낀다. 그 희열의 총량은 환호를 온몸으로 받고 있는 화려한 외모의 보컬 못지않다. 자신의 연주로 하나의 곡이 완결되었을 때의 쾌감은 그의 온몸을 휘감는다. 인간이 가진 책임감은 본능에 가깝다. 모두가 자신이 맡은 역할을 잘 수행하고자 한다. 그렇기에 역할을 수행할 능력이 없다고 스스로 판단을 내릴 때 인간은 큰 심리적 공황을 겪고 파멸의 길을 택한다.

2. 경험에 대한 우월감

한 로맨스 영화에는 당신과 보낸 30일의 추억으로 30년의 세월을 버틸 수가 있었다는 대사가 나온다. 인간은 과거에 대한 추억과 현재의 노력, 미래에 대한 기대를 자양분 삼아 살아간다. 중년이 되고 추억할 만한 아름다운 과거가 없다는 사실을 깨달은 사람은 그 사실이 소름 끼치게 서글프게 느껴진다고 한다.

이처럼 사람은 자신이 살아온 과거를 예쁜 액자 속에 넣어두고 이를 음미하는 것을 좋아한다. 참담한 기억들이 곳곳에 흔적을 남기지만 전체의 색감이 청명하면 그런대로 괜찮은 삶이라고 스스로 마음을 추스른다. 그리고 현재와 다가올 미래가 만족스럽게 그려지지 않으면 더욱더 과거에 매몰된다. 그렇기에 오랜만에 찾은 옛 동네나 갑자기 떠오른 학창 시절의 추억 등이 우리에게 심적 위안을 주는 것이다.

현재가 불만족과 권태로 점철되어 있고, 미래는 더 어두워 보이는 사람들은 자신이 치열하게 일했고 잘나갔던 과거에 과도하게 가치를 부여한다. 자신의 경험에 우월감을 느끼고 이를 지지대 삼아 살아간다. 누구나 심적 지지대는 필요하다. 그 지지대는 미래에 대한 낙관적인 기대일 수도 있고, 현재 수행하고 있는 과업일 수도, 과거에 대한 추억일 수도 있다. 많든 적든 과거의 경험은 그 지지대 역할을 수행하는 귀중한 원료가 된다. 기억이 곧 한 인간의 정체성을 결정하고 그의 사고를 지배하기 때문이다.

학창 시절이든 직장 생활이든 첫 연애든 과거는 내 피부의 잡티를 가려주는 카메라 필터처럼 실제보다 더 아름답게 기억되는 경우가 많다. 액자 속에 과거를 넣어두고 이를 긍정적으로 바라보며 그 경험에서 우월감을 느끼고 싶어 하는 우리의 본능 때문이다.

3. 인정에 대한 우월감

누구나 자기 초점적 주의Self-Focused Attention를 갖고 있어 자신을 둘러싼 정보들에 지극히 관심을 기울인다. 회사에 입사한 신입사원에게 선배들은 항상 인사를 강조한다. 그러다 자신이 인지하지도 못한 한 선배가 인사를 하지 않는다고 그를 나무란다. 당사자는 그저 반사적으로 인사할 뿐이지만, 인사를 받는 당사자는 누가 인사를 하고 안 하는지를 예민하게 기억한다.

우리가 SNS의 팔로워 수, 좋아요 수 등에 집착하는 것도 다 마찬가지다. 그만큼 타인의 인정에 목마르고 사람들이 자신을 알아봐주기를 마음속 깊이 갈망한다. 사회적 동물인 인간에게 타인의 인정은 생존에 필수 요소이기도 하다. 모든 편의시설이 잘 구비되어 있는 쾌적한 환경일지라도 자신을 제외한 누군가가 한 명도 없다면 인간은 단 1년도 버티지 못하는 나약한 존재다.

얼마나 많은 사람이 나에게 관심을 기울이고 있는가, 그리고 그 사람들이 나에게 어떠한 피드백을 주고 있는가를 성공의 척도로 가늠하는 경우도 많다. 이를 한 단어로 축약한 것이 바로 명예다. 되도록 많은 사람이 자신을 긍정적으로 인식해주길 염원하는 것이다. 그리고 이러한 인정을 내면화하여 우리는 자신감을 만들어나간다. 긍정적인 신호들에 둘러싸여 있으면 그는 자기 자신을 긍정적 존재로 받아들인다. 이러한 인정에 대한 우월감은 모든 우월감 밑에 내재된 가장 본질적인 우월감이라고 할 수 있다.

4. 이성적 매력에 대한 우월감

우리의 조상이 이성에게 서로 끌리지 않았더라면 세계 인구는 수십억을 넘어가지 못했을 것이다. 젊은 사람은 색조

화장으로 자신을 꾸미고, 중년에 접어든 사람은 노화를 두려워하며 안티에이징 제품을 덧바른다. 모두 지금보다 더 아름다워지고자 하는 마음 때문이다.

화장품 산업과 패션 산업의 성장은 아름다움에 대한 인간의 강한 욕망을 그대로 증명한다. 이성에게 끌림을 줄 수 있다는 사실 자체가 한 개인에게 커다란 권력이 되기도 한다. 그러니 많은 사람이 자신을 가꾸며 이성적 매력을 높이기 위해 애쓴다. 이 강력한 욕망이 내면에 숨어 있기에 매력적인 외모를 갖추고 싶어 하고, 궁극적으로 이성을 유혹할 수 있을 만한 매력적인 사람이 되고자 한다. 이 이성적 매력에 대한 우월감은 20~30대에 최고조에 이르며, 중년의 나이로 접어듦에 따라 인정에 대한 우월감 혹은 역할에 대한 우월감으로 치환되는 특성을 보인다.

5. 도덕적, 성격적 우월감

도덕과 법은 사회를 지탱하게 하는 거대한 힘이다. 진화심리학에서는 도덕이 '상호 호혜성Reciprocity', 즉 내가 남을 도와주면 남도 언젠가 나를 도와줄 거라는 기대 때문에 발생한 진화의 산물이라고 얘기한다. 도덕의 탄생 배경을 굳이 모르더라도, 우리는 도덕적 결함, 성격적 결함이 있는 사람은 사회에서 배척받고, 자신이 가진 자원을 잃게 된다는 걸 잘 알고 있다.

사람은 끊임없이 도덕적, 성격적 결함을 지닌 사람들과 자신을 구분하며 차별화를 시도한다. 나는 저렇게 나쁜 사람과는 다르다며 자신을 호소하고, 실제로 더 나은 사람이 되기 위해 자신을 채찍질한다. 도덕적인 사람과 좋은 성품을 가진 사람이 더 대우받는 사회적 풍토도 조성되어 있기에, 사람들은 그런 존재가 되고 또 그런 존재로 인식되기 위해 애쓴다.

직장 내에서 정치력과 권모술수를 동원해가며 높은 지위에 올라간 누군가를 보며 많은 사람이 '저렇게까지 하고 싶나?' 혹은 '나는 높이 못 올라가도 저렇게 살지는 말아야지' 등의 말을 내뱉으며 다른 사람들과 연대감을 형성한다. 지위 경쟁에서 빼앗긴 우월감을 도덕적, 성격적 우월감의 충족으로 대체하고자 하는 표현이다.

도덕적, 성격적 우월감은 이따금 자기 열등감에 대한 방어기제로 작용하기도 하지만, 실제로 더 나은 사람이 되고자 하는 동기부여를 제공하기에 사회 전체에 긍정적인 영향을 미친다. 기부 문화의 촉매제가 되기도 한다. 그러므로 현시대는 성격이나 도덕성도 능력으로 인정받는다. 그만큼 사회적으로 더 대우받기에 더 많은 사회적 기회도 가질 수 있다. 반대로 도덕적, 성격적 결함이 있는 사람은 개인적인 능력이 뛰어나더라도 사회적으로 고립될 가능성이 있다. 이러한 사회적 압력이 커질수록 사람들은 도덕적, 성격적으로 좋은 자질을 갖추기 위해 노력한다. 그리고 이를 갖춘 사람에 자격을 부여하며 추켜세우기에, 본인이 이런 자질을 갖추고 있다고 판단이 되면 우월감을 느낀다.

갈등의 본질은
향상욕의 충돌

●●

우리는 다양한 인간관계에서 수많은 갈등을 목도하고, 때로는 그 갈등의 당사자가 되기도 한다. 왜 사람들은 서로 갈등하고 반목하는가. 단순하게 말하면, 각자의 우월성 추구 욕망이 충돌하기 때문이다. 여기에서는 우월성 추구에 대한 욕망을 한마디로 줄여 '향상욕'이라고 부르겠다.

한 아이와 엄마가 언성을 높이며 다투고 있다. 아이는 하루 종일 유튜브만 보며 성대모사 연습을 하는 중이다. 그런 아이를 바라보는 엄마는 왜 공부는 안 하고 딴짓만 하는 거냐며 아이를 나무란다. 아이에게는 유튜버라는 목표가 있다. 그는 유명 유튜버가 되어 돈도 많이 벌고 사회적으로 인정도 받고 싶다. 그것이 그의 향상욕이고 이를 실현하기 위해 부단히 노력하고 있다.

반면 그의 엄마는 엄마라는 역할이 곧 자신의 정체성이 된 상황이다. 엄마로서 자녀의 앞길을 활짝 열어주는 역할을 성공적으로 완수하고 싶고 그것이 그녀가 가진 향상욕이다. 기성세대인 엄마는 공부를 잘해서 좋은 대학에 들어가는 것이 사회적 성공을 위한 가장 확실한 출발점이라고 굳게 믿고 있다. 성격이 다른 이 두 향상욕이 충돌하여 갈등이 벌어지고 있는 것이다.

두 가지 향상욕이 충돌될 때는 어느 한쪽의 향상욕이 일부라도 충족되어야 갈등이 봉합된다. 아이가 공부를 하거나, 엄마가 아이의 꿈을 응원해주게 된다면 갈등은 완전히 해소될 것이다. 그러나 둘 중 한 명이라도 자신이 현재 시점에 가지고 있는 향상욕을 완전히 포기하는 경우는 좀처럼 일어나지 않는다.

그러니 이럴 때는 상대의 향상욕을 이해하고 인정해주는 게 갈등을 줄일 수 있는 현실적인 대안이다. 상대의 향상욕을 온전히 충족시켜주진 못할지라도, 이를 인정해주는 것만으로도 상대가 가진 공격성의 대부분을 누그러뜨릴 수 있다. 세상에 이런 역할을 해주는 이가 극히 드물기에, 인정이 가진 희소가치는 하늘 높은 줄 모르게 높다.

향상욕은 그 사람의 정체성과 강하게 결부되어 있다. 서로 자신이 진짜라며 각자의 말을 하기 바쁜 세상이다. 온전히 인정받고 이해받는다는 느낌을 주는 한마디는 갈등을 봉합하는 수준을 넘어 상대가 해주는 말을 평생 기억하고 그 사람에 대한 고마움 또한 오래도록 간직하게 만든다.

엄마는 아이에게 이렇게 말해줄 수 있다.

"요즘 나도 유튜브를 보기 시작했는데, 네가 무엇을 하고 싶은 건지 조금은 알겠더라. 엄마는 학창 시절 공부를 열심히 하지 않은 것을 아직도 후회할 때가 있어. 좋은 대학에 가는 게 인생의 전부는 아닐지라도, 현재 너의 입장에서 나중에 가장 많은 가능성을 열어줄 수 있는 길인 건 분명하거든. 네가 공부해서 좋은 대학에 입학하면, 나중에 유튜버로 활동하기도 편해지고, 만나는 사람의 폭이 넓어지니 콘텐츠도 더 좋아지고, 혹 꿈이 바뀌었을 때 다른 도전을 하기도 좋지 않을까?"

이 말을 통해 아이는 자신의 향상욕과 자신의 존재가

어느 정도 인정받는다는 느낌을 받을 것이다. 이 말 한마디로 아이는 공부에 시간을 투자하기 시작할 수도 있고, 그렇지 않더라도 최소한 엄마에 대한 반감은 누그러뜨릴 것이다. 반대로 자식의 입장에서는 엄마의 역할과 그 역할에서 비롯된 향상욕을 이해해야 한다. 그래서 자식이 부모에게 해줄 수 있는 가장 파급력이 큰 말이 바로 "잘 키워줘서 고마워요"인 것이다.

　회사라는 공간은 그 어떤 공간보다 향상욕의 충돌이 일어나기 쉬운 환경이다. 그로 인해 매일매일 수많은 갈등이 양산된다. 이유는 회사는 성장이라는 존재 그 자체의 목적이 있기에, 조직 특성상 개인들 각자가 가진 향상욕을 온전히 충족시켜줄 수 없기 때문이다. 더구나 개인이 좋은 성과를 내더라도 그 보상은 즉각적으로 따라오는 경우가 드물고 대부분 지연된 상태로 따라오게 마련이다. 그렇기에 충족되지 못하고 고여 있는 개인의 향상욕들은 건전하지 못한 방향으로 배출된다. 과도한 흡연 시간과 커피 챗, 메신저 잡담, 불필요한 회식으로 시간을 낭비하는 것은 기본이고, 이 시간을 통해 못 채워진 개인의 향상욕을 생산적이지 못한 방향으로 표출한다.

끊임없이 새로운 아젠다를 제시하거나 불필요한 이슈 메이킹을 하며 본인의 영향력을 과시하려 한다. 또 타인을 평가하고 사적인 부분을 공론화한다. 자신의 생각에 동의하는 사람들과는 연대감이 쌓이고 그것을 위안으로 삼는다. 과잉된 유대감과 스스로 납득하지 못할 거짓 존경심으로 업무보다는 내 편 만들기에 더 큰 관심을 기울인다. 고초를 겪고 있는 누군가와 자신은 완전히 다르다며 선을 긋고 스스로를 차별화하는 데 앞장서기도 한다.

직장 내에 꼰대라고 불리는 사람들은 향상욕을 실현할 다른 수단을 찾지 못해 자신의 과거 경험과 노하우에 집착적으로 높은 가치를 부여한다. 이렇게 배출되는 향상욕들이 만나 수많은 인간관계의 갈등이 양산되는 것이다.

누군가의 잘못이라기보다는 개인의 향상욕을 충족시켜주지 못하는 회사라는 조직의 속성 때문이다. 그래서 조직 내에서 자기 자신의 온전한 모습을 지키고 동료들과 건강한 유대 관계를 맺기 위해서는 자신의 향상욕을 건강하게 배출할 수 있는 다른 방법이 필요하다. 그 대표적인 것이 바로 취미 생활이다. 자신이 좋아하는 취미를 찾고, 그 역량을 발전시켜나가면서 자신 안에 고여 있는 향상욕을 배출하는 것이다. 그것이 잘 이뤄지면 훨씬 더 여유 있고 사심 없는 마음으로 타인을 차분하게 대하는 것이 가능해진다.

개인적으로 가장 추천하고 싶은 취미 활동은 운동이다. 삶의 질을 좌우하는 중요한 신념 중 하나는 바로 나의 노력이 가치 있다는 믿음이다. 어떤 일을 성공적으로 수행하기 위해서는 자기 효능감self-efficacy이 필수적인데, 우리는 세상에 이리저리 휘둘려가며 자기 효능감을 잃어간다. 심하면 나태의 덫에 걸려들고, 노력해봐야 무슨 의미가 있을까 하는 지독한 회의감에도 빠진다. 회사라는 공간은 투입되는 노력 대비 성과도 더디게 다가오고 성과에 따른 보상은 더더욱 더디게 다가오거나 언제나 충분하지 않다고 느껴지기에 개인이 혼돈을 겪기 더 쉬운 곳이다. 그러나 운동을 통한 체형의 변화는 상대적으로 단시간에 찾아온다. 노력은 낭비 없이 그대로 자신의 몸으로 흡수되고, 내가 아닌 다른 사람을 탓할 여지도 없다. 그러니 다시 노력의 효용에 대한 믿음이 살아나고, 자기 효능감도 높아진다. 이는 자연스레 업무와 삶의 다른 영역에도 퍼져나가 개인을 더욱 단단하게 만들어준다.

사람은 누구나 일인칭 시점으로 살아간다. 각자가 가진 눈을 통해 세상을 바라보고, 이것이 자신의 생각을 만든다.

그렇기에 타자의 관점에서 생각하려고 부단히 노력하더라도 한계는 있을 수밖에 없고, 중요한 순간에는 결국 자신의 상황과 감정이 가장 우선순위가 된다.

철학자 헤겔Georg Wilhelm Friedrich Hegel은 모든 욕망의 대상은 타인과의 관계 속에서 인정받고자 하는 마음과 함께 생성된 상징적 구조물이라고 말했다. 누구나 자신의 미약한 우월성을 인정받고 존중받고 싶어 한다. 그렇기에 잠시 자신의 입장을 내려놓고 타인들이 자신을 어떤 사람으로 인식되고 싶어 하는지를 파악해보자. 그리고 이를 한 문장으로 정리하여 이해해주고 공감해주는 연습을 시작해보자. 그러면 당신의 삶에 존재하는 갈등의 절반은 저절로 해소될 것이다. 이를 통해 수많은 갈등으로부터 나 자신을 지킬 수 있고, 결국 관계력까지 강화할 수 있다.

"그렇게 될 줄 알았어." 살면서 가장 많이 듣는 말 중에 하나다. 사람들은 어떠한 상황들에 대해 끊임없이 예측하면서 자신의 통찰을 인정받고 싶어 한다. 그 정도가 지나치면 거부감을 들 수도 있지만, 그 말을 마주하면 그저 간단히 그들의 통찰을 칭찬해줘라. "정말이네요." 이 말 한마디면 상대와 깊은 유대감을 형성할 수 있다.

자신의 통찰을 인정받고 싶어 하는 마음과 타인에게 도움을 주고 싶어 하는 마음은 멀리 떨어져 있는 게 아니다. 동전의 양면처럼 함께 존재한다. 직장 선배와 상사, 형과 언니는 그들의 경험과 지식이 가치 있는 것이길 간절히 바란다. 자신의 노하우가 무용해지는 것을 견디기 힘들어 한다. 누군가에게 도움을 주고 싶고, 나아가 영향력을 끼치고 싶고, 이를 통해 자신의 삶을 인정받고 싶다. 그러니 그들이 자신의 경험과 노하우를 말할 땐 일단 잘 듣고 내 삶에 적용하는 척을 하자. 그러면 그들은 우리를 누구보다 믿음직하고 열정적인 후배로 기억할 것이다. 더 나아가 그들 중 정말 좋은 인성과 능력을 갖춘 사람이 있다면 삶의 문제에 직면했을 때 직접 조언을 구할 수 있다. 그들은 자신이 인정받았다는 사실 자체만으로 더할 나위 없는 기쁨을 느끼고 대가 없이 많은 조언을 아끼지 않을 것이다. 멘토는 그렇게 만들어진다.

인간은 누구나 타인에게 인식되고 싶어 하는 분명한 모습이 있다. 이 책을 쓰는 나 또한 나의 통찰이 인정받고 많은 사람에게 영향을 주기를 간절히 염원한다. 중요한 것은 이 욕망을 알아볼 수 있는 안목이다. 이 안목을 키워 나의 향상욕과 타인의 향상욕을 이해할 수 있으면, 이를 충족시켜주는 것은 그다지 어렵지 않다. 말 한마디로 충분할 때도 많다. 우월성 추구에 대한 욕구가 서로 충돌할 때 갈등은 빚어진다. 하지만 인간은 일인칭 시점으로 살아가는 생명체이면서도, 동시에 전지적 시점으로 사고할 수 있는 축복받은 영장류다.

미국의 사회심리학자 엘리 핀켈Elly Pinkel은 부부 120쌍을 2년 동안 연구해 부부 사이에서 발생하는 갈등을 해결하는 방법에 관한 중요한 통찰을 얻었다. 핀켈은 부부가 서로 다툴 때 좀 더 냉정한 관찰자의 눈으로 자신과 상대의 모습을 연상하는 거리 두기 수업을 진행했고, 이를 통해 서로의 친밀감과 신뢰도가 확연히 증가하는 것을 확인했다.[9] 갈등의 본질이 우월성 추구의 충돌이라면, 이를 해결하는 방법은 상대방이 추구하는 우월성의 방향을 인식하는 것이다. 하지만 대다수는 자기중심적으로 생각하는 것에 그치기에 갈등에 더더욱 깊이 매몰된다.

문제의 본질을 인지하면 대부분 해결책까지 보이지만, 그럼에도 양가 애착 성향이 지나치게 발현되어 지배욕과 과시욕, 공격성을 드러내는 사람 또한 존재한다. 이들의 결핍은 세상 그 무엇도 채워줄 수 없다. 그러니 그런 사람이 주변에 있다면 친절함이라는 갑옷을 걸치고 그와의 관계를 최선을 다해 피해야 한다. 그런 사람들은 갈등 그 자체를 통해 자신의 존재감을 확인한다. 그들과의 관계가 깊어질수록 우리 삶의 불필요한 갈등도 커진다.

우리에게는 그들을 변화시킬 책임도 없고 그들을 변화시킬 능력도 없다. 친절함으로 그들의 공격성을 누그러뜨리고 도망쳐라. 그들은 본질을 깨닫지 못한 채 평생 주변 사람들을 할퀴면서 낡아갈 것이다. 자격 있는 소수와 깊은 유대감을 갖는 것이 한없이 소중한 나 자신을 보호하는 유일한 방법이다.

비뚤어진 향상욕의 배출

이 책에서 거듭 반복할 이야기지만 성장하고 싶은 욕구, 더 나은 사람이 되고 싶은 욕구는 자기 자신 그리고 자신이 중요하게 생각하는 과업을 통해서 배출되어야 한다. 그러지 못하고 자신이 해야 할 일을 찾지 못한 이들은 관계에 지나치게 의존한다. 관계에 허상을 갖고, 상대에게 많은 것을 기대한다. 그래서 소설가 알베르 카뮈Albert Camus는 행복해지려면 다른 사람들과 지나치게 관계하지 말아야 한다고 조언했다.

무언가를 원하는 자와 원하는 바가 크게 없는 자가 협

상을 벌이면 협상은 반드시 원하는 바가 없는 자에게 유리하게 진행된다. 자신의 과업에서 이미 향상욕을 충족하고 있는 사람들은 타인을 대할 때, 대화에 집중하며 상대방 자체에 호기심을 갖는다. 그들은 대개 친절하고 경청하는 태도를 보인다. 구태여 관계에 있어 우위를 점하려 하지 않는다. 타인은 본능적으로 높은 사회성을 보이는 그들에게 끌린다. 이것이 내가 정의하고자 하는 '관계력'이다. 관계력은 상대에게 의존하지 않고, 구태여 지배하지 않으려는 상태인 차분함과 평정심에서 비롯된다. 그러니 만약 우리가 자신의 과업에서 향상욕을 충족하지 못하고 있다면, 그 사실을 인지하고 타인과의 관계를 우월감 배출의 통로로 삼지 않도록 각별한 주의를 기울여야 한다.

그렇다면 건전하지 못한 향상욕은 어떤 방식으로 배출될까?

1. 과시와 복종

자신에 대한 믿음이 있고, 자신의 과업을 충실히 해내고 있는 사람들은 구태여 남들에게 자신의 뛰어남을 과시하지 않는다. 이미 그의 주변 환경은 자신을 향한 호응으로 충만하기에 그가 인간관계에서 얻으려 하는 심리적 과실은 그리 크지 않다. 이미 마음의 여유를 넉넉히 확보하고 있기 때문에, 타인에게 괜한 위화감을 조성해가며 자신이 우월함을 강조할 이유가 없다.

하지만 그 반대의 경우, 즉 현재 자신의 모습이 스스로 마음에 들지 않는 사람들은 자신이 이룬 것을, 자신의 명석함을, 자신의 통찰력을, 자신의 인간성을 끊임없이 상대에게 설득하고자 한다. 자신의 유일성을 인정해달라고 관계를 맺는 상대에게 온갖 표정과 몸짓과 언어로 어필한다. 그런 행동이 지속되고 축적될수록 결국 상대는 심판자의 지위를 부여받게 된다. 그로 인해 누군가는 얼떨결에 그의 유일성을 판단할 수 있는 절대적 권위자가 되어버린다.

"내가 누구랑 친한데….""내가 누구랑 잘 아는데…." "그분이 워낙 날 아끼셔서…." 이런 식의 말을 꺼내며 유명하거나 능력이 뛰어난 누군가와의 친분을 과시하는 유형도 있다. 다른 사람의 우월성의 일부라도 섭취하고자 하는 것이다. 자신의 직업과 출신을 강조하는 경우도 있다. 우수한 카테고리에 속한다는 것을 강조함으로써 좋은 이미지를 덧입고자 하는 것이다. 이 모든 것이 자신의 나약함을 감추기 위한 방편이다. 하지만 그런 식으로는 인간관계에서 진정한 힘을 가질 수 없다. 거듭 강조하지만 근본적으로 가장 중요한 것은 오롯이 홀로 있을 능력을 키우는 것이다.

2. 깎아내림

홀로 서 있지 못하는 나약한 사람에겐 자신을 제외한 모든 상황과 사람이 너무나 높아 보인다. 그래서 그들은 자신도 모르게 남들을 깎아내려 자신과 키를 맞추려 한다. 남을 낮춤으로써 권력의 균형을 유지하고자 하는 것이다. 이러한 생각은 언어적 표현을 통해 구체화된다. 사이버 공간에서 반복적이고 악의적인 댓글을 남기는 사람들에게도 이런 심리가 있다고 할 수 있다.

일 처리가 빠르고 명석한 상사가 있었다. 그런데 그는 일 자체에 초점을 두는 것이 아니라, 언제나 일로 타인을 제압하는 데 더 몰두하곤 했다. 상대방의 오류를 집요하게 찾아내거나, 일을 필요 이상으로 처리하고 이를 과시하며 자신과 타인을 구태여 비교했다. 알고 보니 그는 작은 키와 왜소한 몸, 그리고 지방대 출신이라는 콤플렉스를 갖고 있었다. 이처럼 타인과 자신의 차별점을 부각하며 우월성을 추구하는 사람이 의외로 많다. 심지어 그들은 자신이 일을 잘하고 있어도 다른 부분에서 열등감을 느끼기 때문에, 누구를 만나도 자신보다 높아 보이게 되고 그럴 때마다 상대를 깎아내림으로써 자신의 부정적인 감정을 해소하려고 한다. 하지만 그런 감정은 결코 해소되지 않는다. 결국 그는 그렇게 찌푸린 채로 점점 더 자기만의 세계에 갇힐 것이다.

누군가를 인정한다는 사실 자체가 그 사람의 높은 사회성을 증명한다. 사람들은 본능적으로 뛰어난 성과를 거둔 상대를 보면 방어기제가 발동하기 때문이다. 우리는 자신이 발을 딛고 있는 토양이 흔들리게 되면 자신도 모르게 타인의 실패를 갈망하게 되는 바람직하지 못한 습성이 있다.

일본의 신경과학자 다카하시 히데히코高橋英彦는 취업준비생들을 모아놓고 그들의 두뇌 활동을 측정했다. 그들은 자신들보다 자질이 더 우수한 다른 취업 준비생들을 소개받는 순간, 뇌에서 통증을 담당하는 부위가 강하게 반응했다. 그런데 더 놀라운 것은 그 사람이 심각한 실패를 겪었거나 연인이 바람피웠다는 이야기를 듣자 단 음식을 먹거나 기쁨을 느낄 때 활성화되는 측좌핵이 격렬하게 반응했다는 사실이다.[10]

이처럼 자신과 비슷하다고 느꼈던 누군가가 저만치 앞

서갈 때 겪는 방어기제와 불안감은 뇌의 일부가 저절로 반응하는 본능인 것이다. 작가 알랭 드 보통Alain de Botton 역시 『불안』에서 "우리가 동등하다고 여겨 우리 자신과 비교하는 사람이 늘어날수록 우리의 불안감도 커진다"라고 말했다. 그러니 우리가 비교해야 하는 것은 타인이 아니라 과거의 자기 자신이다. 그리고 더 나은 내가 되기 위해 끊임없이 달려가야 한다.

이런 본능에도 불구하고 누군가를 사심 없이 인정하는 사람도 있다. 이는 그만큼 자신의 토양의 단단하다는 것을 간접적으로 증명해준다. 자아 존중의 표식이라고도 할 수 있다. 타인에게 인정받기를 갈구하는 사람과 타인을 인정할 줄 아는 사람이 만나게 되면 관계는 당연히 후자에게 유리하게 흘러갈 것이다. 인정에 목마른 이들에게 그가 베푸는 사심 없는 인정은 오아시스의 역할을 하게 된다. 더 나아가 그런 그에게 의존하게 될 가능성도 크다. 상대가 나를 지지하도록 만드는 것은 비난이 아니라 인정이다.

3. 과잉 연대

자신의 현재 상황이 만족스럽지 않을수록 사람들은 인

간관계를 통해 이를 해결하려고 한다. 이런 사람들끼리 모이게 되면 하나의 파벌이 완성된다. 자신들만의 슬로건을 만들고 타 집단을 배척한다. 하지만 아무리 생각해봐도 이 모임이 자신의 삶에 긍정적인 영향을 주는지는 스스로 확신하지 못한다. 그저 까닭 없이 모이고 합당하지 않은 명분에 생각 없이 가담한다.

히틀러가 짧은 시간에 독일 전체를 장악할 수 있었던 원인은 국민들의 비뚤어진 향상욕을 자극했기 때문이다. 1918년 독일은 제1차 세계대전에서 패했고, 미국과 유럽의 승전국들은 베르사유 조약을 통해 전쟁의 책임을 패전국인 독일에 물었다. 독일은 해외 식민지 전체를 빼앗겼을 뿐만 아니라 1320억 마르크라는 천문학적 액수의 전쟁 배상금을 지불해야 했다. 독일인들의 마음은 자신들이 패전국이자 이류 국가에 살고 있다는 무력감과 패배감에 찌들어가고 있었다. 이들은 자신들의 패배감을 전가할 표적이 필요했다. 그 대상이 바로 그들을 항상 앞서 왔던 유대인이었다. 히틀러는 국민들에게 아리아인의 위대함을 인식할 것을 부추겼고, 마음의 지지대가 필요했던 많은 사람은 자격 없던 히틀러의 말에 복종하기 시작했다. 그리고 별다른 문제의식 없이 유대인

학살에 동조했다. 그들은 자신들의 패배감과 무력감을 비뚤어지고 과잉된 연대감을 통해 해소한 것이다.

인류 역사에서 다시는 반복되어선 안 되는 극단적인 사례지만, 인간은 자신이 처한 상황이 만족스럽지 않을수록 서로가 서로에게 기대는 공동체를 만들려는 경향이 강하다. 서로에게 자신의 힘듦을 토로하고 위로받는 것이다. 그러나 위로만으로는 아무것도 바뀌지 않는다. 위로의 효과는 잠시일 뿐 이를 바꾸는 것은 행동이다. 위로받는 시간이 행동하는 시간을 방해할 정도라면 오히려 이를 단칼에 잘라내야 한다.

4. 회피와 단절

아예 자기 주변 사람들을 다 우매하다고 판단해 그들과 거리를 두고 살아가는 사람도 있다. 적개심을 표면적으로 드러내진 않지만 자신의 가치가 주변 사람들보다 뛰어나다고 판단해 관계 맺기 자체를 포기한다. 타인과의 관계를 통해 자신의 이상적인 자아가 깎이는 것이 두렵기 때문이다. 과거에 이미 타인과의 관계에서 큰 상처를 받은 경험이 있을 수도 있다. 두려움 때문에 다른 사람들과의 관계를 단절하는 것은 누구에게도 의지하지 않고 오롯이 혼자 있을 수 있다는 것과는 완전히 다른 얘기다.

하지만 혼자만의 공간으로 도망쳐 있는 시간 동안 우리는 점점 퇴화한다. 그 시간이 길어질수록 세상이 보는 나의 가치와 내가 보는 나의 가치의 괴리는 더욱 커진다. 이러한 상황에서 배출되지 못하고 농축되어 오랜 시간 고여 있던 향상욕은 타인을 향한 적개심으로 피어난다. 그렇게 현실과 괴리된 채 타인과 사회에 대한 비난의 화살을 갈고닦는다.

물론 세상이 나를 인정해주지 않는다는 느낌이 들 때가 있다. 자기 안에 숨어 있는 내밀한 가치들은 오롯이 나만 알 수 있다. 대부분 타인의 내밀한 강점까지 살펴볼 만한 여유는 없기 때문이다. 그러나 주목할 만한 사실은 그럼에도 사람들은 누군가의 가시적이고 압도적인 성취에 관해서는 관심을 기울이고 찬사를 보낸다는 것이다. 다면적으로 압도적인 결과물 앞에서는 누구도 반론을 제기하지 못한다. 왜냐면 구성원 다수가 그에게 혹은 그의 결과물에 찬사를 보내고 있기에 사회성이 발동되는 것이다.

그래서 자신의 가치를 세상이 잘 몰라준다는 생각이 깊어진다면, 그럼에도 인정받고 싶은 욕심이 자꾸 생긴다면, 관계에 집착하기보다는 혼자 있는 시간을 늘릴 필요가 있다.

그리고 이를 압도적인 성취를 위한 준비 기간으로 삼아야 한다. 니콜로 마키아벨리Niccolo Machiavelli는 추방령을 받아 농가에 고립되었을 때 위대한 저작『군주론』을 남겼고, 김만중은 숙종의 분노를 사서 떠난 유배지에서 한글로 쓰인 최초의 소설인『구운몽』을 집필했다.

회피와 단절을 택하는 사람은 고립된 시간 동안 타인에 대한 적개심을 농축시킬 뿐이지만, 생의 혁신을 이룩하는 사람은 이 불만족을 각성의 계기로 삼고 고립된 시간 동안 더 나은 나를 위한 준비를 게을리하지 않는다. 세상이 나를 알아주지 않는다고 투덜대는 대신, 묵묵히 자기 할 일을 하며 꾸준히 노력하는 사람은 향상욕이 강하게 있더라도 비뚤어지시 않는다. 매일매일의 과업 수행을 통해 향상욕이 고이지 않고 건강하게 배출된다. 같은 상황이지만 이 둘의 인생을 가르는 것은 결국 그 상황을 맞이하는 태도다.

관계력 강화

관계력의
부정적 순환 고리 끊기

앞서 여러 번 반복하여 말했듯 인간은 누구나 우월성을 추구하며 살아간다. 다만 추구하는 우월성의 폭이 우리가 일반적으로 생각하는 것보다 넓어서 그런 사실 자체를 잘 인지하지 못할 뿐이다. 한 사람이 추구하는 우월성의 궤도들이 어우러져 그 사람의 정체성을 이룬다. 또한, 우리의 내면은 특정 영역에서의 우월성을 추구할 뿐만 아니라 우월성 자체를 선망한다. 우리는 자연의 압도적인 절경에 끌리며, 연예인들의 조각 같은 외모와 압도적인 연기력에 끌린다. 할리우드가 제공하는 시각적 극치에 기꺼이 값을 지불하고서라도 영화관에서 관람한다. 그러니 본인 스스로가 발전하여 일정한 우월성을 획득하게 되면 관계는 자연스레 자신에게 유리하게 흘러가게 되어 있다.

타인과의 관계에서 자신의 우월성을 설득하고 증명하려 애쓸 시간에 본인 스스로를 발전시키는 것이 역설적으로 관계력을 획득하는 가장 빠른 길이다. 그러나 대다수 사람은 전자의 방법을 택한다. 관계를 통해 결핍감을 잠시라도 해소하고자 하는 것이다. 본인이 바로 서야 타인의 선망을 받을 수 있다. 지금 당장 할 수 있는 것이 없어 막막하다면 운동을 시작하는 것이 좋다. 운동은 우리가 노력한 만큼 결과를 얻을 수 있는 인생의 몇 안 되는 것 중 하나다. 우리는 운동을 통해 노력에 대한 효용을 깨우치고, 육체적 매력을 획득한다. 육체적 매력은 곧 사회적 매력으로 이어지며 주변 사람들의 호의적인 반응을 내면화하게 되어 개인에게 자신감을 만들어준다.

자신감을 통해 과업의 질을 비약적으로 올리면, 이는 선순환으로 작용하여 한 사람의 정서를 긍정적으로 가꾸어준다. 차분하고, 자신감 있으며, 외부에 휘둘리지 않는 강한 자아로 대변되는 우월한 사회성을 만들어주는 것이다. 그러

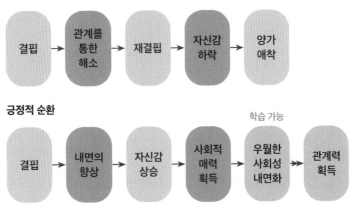

관계력 순환 고리

부정적 순환

결핍 → 관계를 통한 해소 → 재결핍 → 자신감 하락 → 양가 애착

긍정적 순환

학습 가능

결핍 → 내면의 향상 → 자신감 상승 → 사회적 매력 획득 → 우월한 사회성 내면화 → 관계력 획득

니 자신을 둘러싼 상황이 만족스럽지 않을수록 우리는 먼저 몸을 가꾸어야 한다.

위 도식을 통해 볼 수 있듯 대다수 사람은 〈부정적 순환〉의 고리를 택하기에 관계력을 잃고, 세상과 상황을 원망하는 양가 애착 성향을 발전시킨다. 누구에게나 결핍은 있고 우월해지고 싶은 욕망도 존재한다. 그런데 많은 사람이 이러한 결핍과 욕망을 타인과의 관계를 통해 해소하고자 한다. 그것은 상대도 마찬가지다. 자신이 가진 결핍과 욕망에 집중하느라 타인의 내면을 살필 여력이 없다. 그러니 온갖 결핍된 마음과 들끓는 욕망이 충돌하여 수많은 갈등 상황이 벌어지는 것이다. 결국 관계에 대한 많은 기대가 양가 애착 성향을 키우는 근본 원인인 것이다.

하지만 인간관계는 결핍을 온전히 메워주지 못한다. 그러니 관계에 대한 환상부터 내려놓아야 한다. 관계에 대한 힘을 빼고 기대를 내려놓아야 역설적으로 좋은 관계를 맺을 수 있는 관계력이 만들어진다. 그리고 자신의 욕망을 내려놓으면 타인이 추구하는 우월성의 정체가 눈에 보인다. 그러면 간편히 그가 원하는 말 몇 마디만으로 상대의 마음을 위로해 줄 수 있고, 관계에서의 우위를 점할 수 있다.

나 역시 내면의 결핍이 큰 상태에서 미숙하기 짝이 없는 사회 초년생 생활을 시작했다. 타인에게 인정받고자 하는 욕망이 스스로 감당하기 힘들 정도로 강했고, 타인이 나를 어떻게 생각하는지에 대해 골몰했다. 하지만 사람들은 절대 내가 기대하던 만큼 나를 인정하지 않았다. 사실 당연한 결과였다. 그럼에도 나는 시시때때로 낙담했고, 과잉되게 행동했다. 잘나가는 선배들을 따라다니며 술자리를 가졌고, 그들과의 관계에서 마음의 안정을 얻으려 했지만 번번이 실패했다. 그들의 입장에서 나라는 사람이 제공해줄 수 있는 가치는 전무했기 때문이다. 그렇게 아까운 시간과 감정을 낭비하는 대신, 내 본연의 업무와 건전한 취미 생활에 힘써야 했음을 나는 뒤늦게 깨달았다.

타인은 결코 내가 원하는 방식으로 나를 바라보지 않는다. 무수한 오해와 편견 속에서 나를 바라볼 것이다. 그건 일인칭 시점으로 살아가는 우리 모두의 한계다. 위대한 성취를 이룬 사람도 끊임없이 불합리한 비난에 시달리기도 한다. 세상의 좋은 평가를 받게 되더라도, 그 평가가 얼마나 오래 지속될지는 알 수 없다. 평가의 내용 역시 내가 원하던 방향과는 사뭇 다를 수도 있다. 큰 인기를 얻은 아이돌 가수도 스스로 작곡한 곡으로 탁월한 예술성을 인정받길 원하지만, 대중은 주로 그들의 화려한 외모와 퍼포먼스에 대해서만 이야기한다. 결국 스스로를 온전히 바라보고 충분히 위로할 수 있는 주체는 자기 자신뿐이다.

몇 년 전까지만 해도 나는 책 한 권 내지 못한 예비 작가에 불과했다. 누구에게도 인정받지 못했지만, 관계력의 본질을 깨달은 나는 그에 크게 개의치 않았다. 그저 하루 열 시간 넘게 책상머리에 앉아 글을 썼고, 그 안에서 낙원을 발견했다. 성과물을 낸 지금과 그 책상머리 앞에서 글쓰기에 몰입했던 과거의 시간 중 어느 쪽이 더 행복했냐고 물어본다면 쉬이 대답할 수 없다.

네 권의 책이 나온 지금은 내가 만나고 싶은 사람들과의 약속으로만 한 주를 채워도 턱없이 시간이 부족하다. 몇몇 출판사들은 내 원고를 기다리며 나를 작가로 대우해주기 시작했다. 내가 그들에게 제공할 수 있는 가치가 있기 때문이다. 나와 일면식이 없던 누군가와 만나더라도 나는 책을 낸 작가라고 당당하게 나를 소개할 수 있게 되었고, 그들은 그런 나에게 큰 관심을 표하고 조언을 구한다.

지금의 나는 사회 초년생 시절의 나와 다르게 내 맞은편에 앉아 있는 상대에게 구태여 나를 어필하지 않는다. 그에게 기대하는 바가 없기 때문이다. 담백한 마음으로 타인에 대한 호기심을 갖고 대화를 이어간다. 그는 자신에 대한 순수한 관심에 고마움을 표하고, 우리의 대화 주제는 꼬리에 꼬리를 물고 끊임없이 이어진다. 이렇게 형성된 관계들은 의도치 않게 내게 큰 도움이 되기도 한다. 그리고 대화는 주로 내가 먼저 정리한다. 해야 할 일이 있고, 혼자만의 시간이 필요하기 때문이다. 상대는 그런 나를 배려해준다.

이렇듯 관계력을 비약적으로 올리기 위한 가장 효과적인 방법은 자신이 하는 일에 애정을 갖고 최선을 다하되, 상대방에겐 그 무엇도 기대하지 않는 것이다. 우리는 필연적으로 수많은 사람의 말과 표정, 행동 등을 보며 성장한다. 어눌하게 표현하고 순박하게만 보이는 사람이라도, 사실 상대방의 속내를 읽는 눈은 다들 예민하게 발달해 있다. 상대가 어떤 목적으로 나를 대하는지 그 의도 정도는 대부분 쉽게 간파한다. 마찬가지로 자신에게 기대하는 바가 없다는 순수성 또한 쉽게 읽힌다. 목적으로 가득한 사회에서 이런 순수성이 가지는 희소가치는 높다. 그리고 사람들은 자신에게 별 기대 없이 순수하게 다가오는 사람에게 본능적으로 끌린다.

우월한 사회성
내면화하기

앞서 관계력을 키우는 가장 근본적인 방법은 스스로 노력하여 향상욕을 충족하는 것이라고 말한 바 있지만, 이건 하루아침에 되는 게 아니기에 조금 더 접근이 쉬운 방법을 소개하고자 한다. 바로 타인에게서 발견되는 우월한 사회성을 학습하여 내 것으로 만드는 것이다.

사람들은 본능적으로 우월한 사회성을 가진 이들에게 끌린다. 사회생활을 하다 보면 가진 조건이 비슷하지만 내면의 중심이 단단한 사람들을 마주하게 된다. 그들은 대개 어디에서든 환영받고, 또 대우받는다. 그러니 그들이 가진 성격적 특징에 대해 알아보고 그것을 자신의 것으로 흡수하는 연습을 하는 것이 도움이 된다.

1. 친절

친절은 타인의 공격을 피하기 위한 가장 좋은 방법이다. 우월한 사회성을 지닌 사람들은 대개 마주하는 모든 사람에게 일정 수준 이상의 친절을 보인다. 대가 없는 친절을 싫어하는 사람은 없다. 그가 보이는 친절과 배려에 타인은 쉽게 마음을 연다. 동시에 친절은 자신을 지키는 강력한 무기가 된다. 그는 자신을 무례하게 대하는 자에겐 친절을 거둬들임으로서 손쉽게 응징할 수 있다. 배어 있던 웃음기가 일순간에 사라지는 것을 보면, 무례했던 상대는 긴장을 하게 되고 표정 변화를 촉발한 자신의 행동을 되돌아보게 된다. 구태여 말로 대응하지 않고 친절을 거둬들이는 단순한 방법으로도 상대는 높은 가능성으로 자신의 행동을 수정하게 된다. 그들은 친절이라는 보상 체계를 통해 상대의 행동을 교정한다.

사회적 동물인 인간은 누구나 고립과 배척을 두려워한다. 그래서 모든 사람에게 친절한 그가 마음을 돌리면, 그의 주변에 있는 다른 사람들도 함께 마음을 돌릴 수 있음을 직관적으로 인지한다. 그러니 그와 대립하기보다는 자신의 무례한 행동을 수정하여 사회적 고립을 피하는 쪽을 택한다. 친절과 배려가 몸에 밴 사람은 이처럼 무례한 이들을 통제할 수 있는 효과적인 도구를 가진다. 이를 통해 수많은 갈등 상황을 미리 예방할 수 있다.

2. 여유

반지하 자취방에 누워 있는 A. 현재 지갑 안에 있는 돈은 5000원짜리 지폐가 전부다. 하루 종일 아무것도 먹지 못해 몹시 허기진 상태다. 그는 아마 편의점에서 산 컵라면과 삼각김밥만으로도 포만감을 느낄 것이다. 그러나 A가 만약 경제적으로 풍요로운 상황이라면? 그는 무엇을 먹을지 고민할 것이다. 건강에도 좋고 맛도 좋은 여러 음식 중 지금 가장 먹고 싶은 음식을 선택할 것이다.

우월한 사회성을 획득한다는 건 관계의 풍요 속에서 사는 것이라고 할 수 있다. 구태여 노력하지 않아도 자신을 지지해주는 사람이 주변에 가득하다. 좋은 사람들과의 약속으로만 한 주를 채워도 시간이 부족하다. 이들은 모두에게 친절하지만 진정한 친밀감을 주고받을 수 있는 대상은 한정적이다. 그러니 그들과 최대한 많은 시간을 보내고 싶어 한다. 그럼에도 선택하는 입장이기에 관계 맺음에 조급함이 없고 자신에게 부정적 영향을 주는 사람과의 관계는 단칼에 차단할 수 있다.

내면에 결핍이 없고 인간관계에 대한 욕심이 없기에, 무리하게 관계를 유지하며 자신을 소진하지 않는다. 한마디로 놓을 줄 알고, 놓음으로써 평정심을 유지하고 좋은 사람들과의 관계를 안정적으로 이어간다. 반대로 결핍이 많은 사람은 자신과 맞지 않는 누구라도 꾸깃꾸깃 자신의 품 안에 채워 넣으려 한다. 그러다 독성이 많은 누군가에 물들면 언젠가 탈이 나고야 만다.

관계에 있어 간절하고 조급한 마음은 관계를 가로막는 장애물이 된다. 간절함은 진심이 아니다. 간절하기만 한 누군가에게 인간은 소홀해지는 경향이 있다. 언제든 간편하게 관계 맺을 수 있다고 생각하기 때문이다. 그래서 간절함은 그 사람의 나약함만 부각할 뿐이다. 매달리고 의존적인 관계로 얻을 수 있는 것은 아무것도 없다. 인간은 본능적으로 풍요로움에 끌리도록 진화해왔다. 재산, 관계, 시간 등 모든 부분에서 마찬가지다. 내면의 결핍을 채우기 위해 갈증이 난 상태로 관계를 맺고자 하는 누군가에게 대부분은 매력을 느끼지 못한다. 그러니 관계의 영역에서 현재 풍요롭지 않더라도 풍요로운 사람처럼 여유를 가지고 사람을 대해야 한다. 이러한 태도에서 사람들은 매력을 느끼고, 결국에는 실제 관계도 풍요로워질 것이다. 그리고 우리는 사람을 판단하는 뚜렷한 기준을 만들고, 자신에게 해가 되는 사람과는 단칼에 거리를 둘 수 있는 용기가 필요하다.

3. 감정 통제

사회적으로 끌리는 사람들의 면면을 살펴보면 속내를 온전히 내비치지 않는다는 공통점을 갖고 있다. 그들은 쉽게 화를 드러내거나 울분을 토하지 않는다. 그래서 감정의 기복이 크게 없는 것처럼 보인다. 그들이 이렇게 감정을 절제하는 이유는 자신의 감정이 주변에 끼칠 파급력을 높게 인식하고 있기 때문이다. 자신의 감정으로 현재의 조화가 깨어질까 염려하며 꼭 필요한 순간을 제외하고 감정을 절제하는 것이다. 그들은 자신의 깊은 속내를 소수의 친밀한 사람에게만 털어놓는다.

반대로 양가 애착 성향을 발달시킨 사람들은 자신의 말과 행동이 주변에 미치는 영향을 낮게 인식한다. 그래서 그들은 끊임없이 자신을 봐달라며 목소리를 키우고, 감정을 토로하며, 과한 유머를 일삼는다. 내면의 결핍과 비례하여 끊임없이 주변 상황에 영향을 끼치고 싶어 한다. 주변 사람이 그를 떠나갈수록 계속된 결핍에 양가 애착 성향은 더 깊어져 과함의 강도는 더욱 심해진다.

사회적으로 우월한 자는 조화를 중요시하며 대체로 상황에 자신을 맞추는 경향을 보인다. 되도록 주변인들의 톤에 자연스럽게 맞추며 구태여 튀어 보이기 위해 힘을 쓰지 않는다. 일정 수준의 의뭉스러움은 주변의 호기심을 자아내어 사람들은 그의 마음을 알기 위해 혹은 친밀감을 얻기 위해 먼저 다가가 친교를 제안한다. 주변의 조화를 위해 자신의 감정을 통제할 수 있는 능력은 높은 수준의 사회성을 연출하기 위한 핵심 요건이다.

4. 조정 능력

우월한 사회성을 지닌 사람은 자신의 행동으로 인해 바람직하지 못한 결과가 초래되었을 때 자신을 책망하는 데 시간을 쏟기보다 자신을 개선하는 데 집중한다. 그들은 뜻하지 않은 실수를 저질렀어도 그 실수는 자신의 일부일 뿐이고 자신이 가진 자질에 대해서는 확신이 있기에 그저 묵묵히 모난 면을 다듬는다. 그들은 절대로 자신의 존재 가치 자체를 부정하지 않는다. 목제 가구를 만들 때 모난 면이 있다면 사포로 다듬을 뿐 목수는 전체적인 구조를 바꾸거나 폐기하지 않는다. 이미 전체적으로 만족스러운 모습을 하고 있기 때문이다. 마찬가지로 자신에 대한 확신이 있는 사람은 자신의 모난 면을 다듬을 뿐 스스로를 비난하지 않는다.

열등한 사회성 지우기

관계력을 획득하기 위해서는 우월한 사회성을 내재화하는 것과 동시에 열등하다고 인식되는 사회성을 내면에서 몰아내는 작업이 선행되어야 한다. 같은 수준의 능력과 경제적 상황을 공유한 회사 동기 사이에도 관계의 역학은 존재한다. 누군가에게는 본능적으로 끌리는 반면 누군가에게는 그 성격적 특징 때문에 멀리하고 싶은 마음을 느낀다. 무엇이 그들의 매력을 반감시키는 걸까.

1. 과잉된 말과 행동

가장 두드러지게 나타나는 특징은 과잉된 말과 행동이다. 높은 사회성을 가진 이들은 자신의 사소한 표정 변화도 주변에 영향을 줄 수 있다는 사실을 인지하고 있기에 감정을 잘 통제하지만, 반대의 경우 웬만한 말과 행동으로는 주변에 영향을 끼칠 수 없다고 생각해 서슴없이 과한 말을 내뱉고 과하게 행동한다. 이러한 과잉은 공격성, 무리한 유머, 타인에 대한 무시, 특유의 분주함, 무분별한 뒷담화 등으로 표출된다. 나 역시 내면의 결핍이 많고 스스로가 권태롭던 시기에 이런 식으로 주변에 계속해서 말로 영향을 끼치려는 모습을 반복적으로 보였다. 남들이 흥미로워할 만한 말을 찾아내기 위해 노력했고, 그에 따른 상대의 반응을 절실히 원했다. 이런 것들이 쌓여 사회적 비매력으로 작용했다. 상대의 마음은 설득으로 얻어지는 경우보다 경청과 간단한 리액션으로 얻어지는 경우가 훨씬 많다. 자신이 하고 싶은 말보다 상대가 듣고픈 말이 많아야 관계의 무게 추가 내 쪽으로 기운다.

결핍이 많은 사람은 지속적으로 상대의 마음을 얻고자 한다. 인정받고 싶고, 칭찬받고 싶어 한다. 그렇게 습관적으로 주변 사람들에게 심판자의 지위를 부여한다. 오디션 프로

그램의 참가자들은 심사위원들의 사소한 말과 행동 하나에도 과민하게 반응한다. 그들이 자신의 면면을 심사하기 때문이다. 스스로의 내면을 통해 향상욕을 충족하지 못하고 지속적으로 타인의 인정을 갈구하게 된다면 자연히 그들에게 권력을 부여하게 된다. 자신을 인정하고 위로하는 주체는 반드시 자기 자신이 되어야 한다. 그리고 평정심을 갖추기 위해 노력해야 한다. 사람은 마음의 동요가 크지 않고 평온한 사람에게서 매력을 느낀다.

2. 타인의 반응에 대한 취약성

관계의 풍요 속에 살아온 사람은 무수히 많은 타인의 호의적인 반응을 내면화해왔다. 그렇기에 자신의 가치에 대한 뚜렷한 믿음이 있고, 새롭게 마주하는 날 선 반응 혹은 비판에 개의치 않는다. 타인의 반응에 연연하지 않으며, 좀처럼 상처받지 않거나 상처받더라도 쉽게 극복한다. 스스로가 존중받을 만한 사람임을 정확하게 인지하고 있기에, 공격적인 누군가를 만나더라도 그들의 평가에 자기 인식을 조정하지 않는다. 좋은 가정환경에서 자란 성인의 가장 큰 특징은 타인의 시선으로부터 자신을 방어할 줄 안다는 것이다. 이미

20년이 넘는 시간 동안 긍정적 신호로 가득 찬 환경에서 자라왔고, 이를 내면화하였기에 일부의 부정적 시선에 크게 낙담하지 않는다.

반대로 결핍이 많은 사람은 기본적으로 마음의 과녁이 크다. 미약한 수준의 부정적 반응도 그들에게 비수로 날아와 꽂힌다. 마음은 실시간으로 동요한다. 이에 대한 근본적인 원인은 본인의 가치에 대한 뚜렷한 확신이 없기 때문이다. 오랜 시간 동안 수만 개의 물품을 감정하며 세월을 보낸 감정사들은 새로운 물품이 있어도 그것이 얼마에 책정되어야 하는지를 단번에 결론 내린다. 이미 수만 개의 데이터가 쌓여 있기 때문이다.

이처럼 오랜 기간 긍정직 신호에 둘러싸여 살아온 사람은, 상투적인 표현이지만, 자존감이 높다. 그들은 마치 숙련된 감정사처럼 자신들에게 축적된 데이터를 통해 자신의 가치를 정확히 파악한다. 그리고 호의적인 반응이 오래 이어져 왔기에 자신의 가치를 높게 매기고 이 값은 웬만해선 흔들리지 않는다. 비판적인 반응을 마주한다고 해도 크게 타격받지 않는다. 자존감에도 근력이 있어 자신을 긍정적으로 바라보는 연습을 지속한다면 이내 무의식에 자리 잡는다. 자신의 노력으로 달성할 수 있는 사소한 성취를 쌓는 것만으로도 자존감을 높이는 데 큰 도움이 된다.

3. 지나친 경쟁 심리

관계를 통해 자신의 향상욕을 채우고자 하는 사람은 애정과 관심을 한정된 자원이라고 판단하는 경우가 많다. 구성원 모두 존중받는 분위기를 만들 수 있음에도, 이들은 끊임없이 관계의 주도권을 자기중심으로 끌어오고자 한다. 하지만 사람은 누구나 지독히 이기적이기에 순순히 타인에게 자신의 주도권을 내어주지 않는다. 그러니 더 조급해져서 온화한 분위기를 견디지 못하고 타인에게 위해를 가한다. 어떠한 상황에서도 자신이 우월해야 직성이 풀리는 이들은 내면의 결핍을 타인에게 전가하는 사람으로, 우리가 살면서 가장 자주 마주하는 악당의 유형이다.

자신의 향상욕은 본인 스스로 해결해야 한다. 누구도 그 결핍을 채워줄 수 없으며, 누구에게도 그럴 의무와 책임은 없다. 그러니 타인의 무반응에 실망하거나 서운해할 필요가 없다. 삶은 원래 고독하고 냉정하다. 가장 많은 시간을 함께 보내는 가족이나 직장 동료 역시 나를 온전히 이해하진 못한다. 내가 공감받고 위로받고 인정받고 싶어 하는 방식으로 절대 행동해주지 않는다. 심지어 자신이 가장 사랑하는 연인조차 그렇게 해줄 수 없다. 그래서 많은 사람이 고독을 감내할 수 없기에 차라리 갈등하는 쪽을 택한다.

하지만 관계력을 키우고 싶다면, 고독을 감내하는 쪽을 택해야 한다. 자신의 과제는 스스로 끌어안고, 타인을 늘 친절하게 대하며 좋은 감정만 공유하는 방법을 터득해야 한다. 고독과 친해질수록, 그리고 타인에게 기대하는 바가 줄어들수록 역설적으로 관계는 더 풍요로워진다.

사회 전반에 불만족이 팽배할수록 타인의 실수나 실패를 집요하게 분석하고 공격하는 문화가 유행처럼 번져나간다. 그들은 재판장이라도 된 듯 타인의 과오를 들추고 자신은 그와 다르다고 선을 긋는 식으로 위안을 삼는다. 대중이란 이름 뒤에 숨어서 타인의 실수를 무분별하게 비난하고, 도덕적 우월감을 간편하게 섭취한다. 실제로 삶에 대한 만족도가 떨어진 사람일수록 뒷담화가 몸에 배어 있다고 한다. 그들은 남들의 불완전함을 끊임없이 화두에 올리며 자기 삶의 불만을 해소하고자 한다.

하지만 이런 식의 행동은 타인은 물론 나 자신에게도

아무런 도움이 되지 않는다. 우리는 타인의 열등함을 비난하기보다는 그 에너지를 아껴 자신의 우월성 추구를 향해 달려야 한다. 타인에 대한 분석력과 통찰력의 렌즈로 자기 자신을 바라봐야 한다. 마주하기 싫었던 자신의 불완전함을 발견하고, 그 흠을 메워가는 과정에서 희열을 느껴야 한다. 나락으로 떨어진 사람들을 구덩이 위에서 내려다보는 데 익숙해지면, 눈이 어두워져 자신을 더 높은 곳으로 데려다 줄 거대한 사다리를 놓치게 된다.

관계력 성장의 5단계

앞의 내용을 정리해보자. 관계력을 키우기 위해서는 부정적 순환 고리를 끊고 긍정적 순환 고리를 만들어야 한디. 그리고 이를 위해서는 우월한 사회성을 내면화하고 열등한 사회성을 지울 필요가 있다. 우월한 사회성이 무엇이고 열등한 사회성이 무엇인지, 그리고 이들을 어떻게 다뤄야 하는지도 앞서 다 설명했다. 그렇다면 이제 내가 어떻게 달라질 것인가를 넘어서, 그래서 어떻게 타인을 대해야 하는지의 문제로 넘어가보자. 여기서는 관계력이 성장하는 단계를 다섯 가지로 나누어 설명한다.

1단계: 불안정 애착 지우기

성장기에 생긴 불안정 애착은 지금도 우리 마음속 깊은 곳에 자리 잡고 있다. 양가, 회피, 혼돈으로 정리되는 불안정 애착은 아마 불안감이라는 형태로 웅크리고 있을 것이다. 타인과의 관계 맺기가 지나치게 소극적이거나, 반대로 적극적이라면 이 또한 불안하기에 그럴 가능성이 높다. 자연스러운 관계 맺기에 자신이 없어 갓난아기처럼 고개를 휙 돌려버리는 단절을 택하거나, 반대로 아이처럼 떼를 쓰며 자신을 봐 달라고 과잉된 행동을 하는 것이다.

그러니 관계력을 키우기 위해서는 먼저 불안정 애착부터 지워야 한다. 뇌에는 신경가소성Neuroplasticity이라는 성질이 있어 살아가는 동안 성장과 재조직을 통해 스스로 신경 회로를 바꾼다. 다시 말해 우리의 뇌는 노력 여하에 따라 얼마든지 바뀔 수 있다.

1979년 미국의 시골 마을에서 평균 나이 75세 남성 여덟 명을 선발하여 타임머신을 타고 20년 전 50대의 나이로 돌아간 것처럼 행동해 달라 요구했다. 그들이 지내는 공간에는 20년 전 입었던 옷과 신분증 그리고 당시 유행했던 실내 장식까지 동일하게 세팅되었다. 그랬더니 불과 일주일 만에 거동마저 불편했던 참가자들의 자세가 좋아지고 악력이 세졌으며 기억력과 시력까지 향상되었다.

불안정 애착을 지우기 위해 이와 비슷한 상황을 나 자신에게 적용해볼 수 있다. 먼저 자신이 부모가 되었을 때 꾸리고 싶은 이상적인 가정 모습을 그려본다. 그리고 자신이 그런 가정에서 태어나고 자랐다고 상상한다. 만약 그랬다면 나는 지금 어떤 사람이 되었을까. 이런 상상을 자주 하고 실제로 그런 환경에서 자란 것처럼 행동하는 것이다. 이런 훈련이 반복되고 상상의 농도가 짙어질수록, 우리의 뇌는 불안정 애착을 점점 더 지워나간다.

우리는 저마다의 방식대로 사고하고 행동하는 고유의 패턴을 가지고 있다. 이를 성격이라 부른다. 그리고 성격 역시 노력으로 바꿀 수 있다. 정원용 가위로 정성스레 소나무를 손질하는 정원사처럼 내 성격의 모난 부분도 차분하고 정돈된 모습으로 다듬을 수 있다. 그런데 그것이 가능하려면 우선 모난 부분이 무엇인지 관찰할 수 있는 눈이 있어야 한다. 1단계 과정을 더 잘 통과하고 싶다면, 지난 몇 달간 했던 자신의 말과 행동을 찬찬히 돌아보는 시간을 갖자. 자신의 성격에 어떤 모난 부분이 있는지를 찾고, 그것이 발생한 원인에 대해 생각해보자. 이런 점검의 시간이 계속 사는 대로 살게 되는 관성을 극복하게 할 것이다.

2단계: 친절의 습관화

타인과 좋은 관계를 꾸려나가고 자립심을 갖춘 사람들은 대부분 평판이 좋다. 그들의 평판을 좋게 만드는 가장 큰 특징은 친절이다. 사람들은 겉으로 드러나는 여러 성향 중 온화함이 많은 부분을 차지하는 사람에게 기본적으로 '괜찮은 사람'이라고 평가한다. 이렇게 이뤄진 판단은 스스로 확증 편향을 강화해 어느새 그를 신뢰하게 만들고 그에 대한 신뢰를 자랑하게 만든다. 그들의 평판이 좋은 것은 단순히 심성이 곱기 때문이 아니다. 그보다는 자연스럽게 몸에 밴 친절한 말과 행동 때문이다.

친절이나 배려는 단연코 능력의 영역이 아니라 습관의 영역이다. 클라이언트와 점심 약속을 잡을 때 우리는 상대에게 무슨 음식을 좋아하는지, 언제 시간이 괜찮은지, 장소는 어디가 편한지 등을 살뜰하게 묻는다. 마음속 깊은 곳에서 진심이 우러나와 이런 말을 하는 것이 아니라, 그런 비즈니스 매너가 습관이 되었기 때문이다.

친절이 습관이 된 사람들은 속내를 온전히 읽을 수 없다는 인상을 주기도 한다. 포커페이스를 하고 있는 프로 도박사처럼 적절하게 모호한 태도는 인간관계에 있어 큰 무기가 된다. 사람은 상대를 온전히 파악하지 못했다고 느낄 때, 더 큰 호기심을 느끼고 상대를 더 알아가기 위해 노력한다. 그리고 상대가 가진 무기를 예측할 수 없을 때 그 앞에서 더욱 긴장하고 조심하는 경향이 있다.

친절이 습관이 되어야만 우리는 기분대로 행동하지 않을 수 있고 감정에 휩쓸리지 않을 수 있다. 기분이나 감정에 쉽게 흔들리는 나약한 상태에서 벗어나 상대를 배려한 말과 행동을 할 수 있다. 친절한 사람은 내가 하고 싶은 말이 아니라 상대가 관심 있어 하는 이야기를 먼저 꺼내고, 상대가 하는 말에 적절한 호응도 해준다. 또 상대의 입장에서 생각하고 이를 표현하여 혹시나 있을지도 모를 상대의 공격성을 사전에 차단한다.

대부분은 당신의 그런 친절함에 호의로 반응하겠지만, 양가 애착 성향을 버리지 못한 사람은 당신을 자신의 공격성 배출의 통로로 이용하고자 할 것이다. 그럴 때는 단호하게 친절함을 거둬들이면 된다. 이미 습관화된 친절을 지닌 당신은 좋은 평판을 갖고 있을 것이므로, 주변 사람들은 당신의 편을 들어주고 당신의 불친절을 이해할 것이다. 이처럼 습관화된 친절은 자신을 방어하는 좋은 무기가 된다.

3단계: 혼자만의 시간 갖기

김영하 작가는 한 방송에서 20대 시절을 술자리로 낭비한 것을 후회한다고 밝혔다. 그는 술자리만 아니었으면 그 시간을 아껴 낭만과 사색을 이어갔을 것이라고 말했다. 현재 우리의 생활도 목적 없는 약속과 술자리로 점철되어 있을 것이다. 실없는 농담과 찰나뿐인 위로 그리고 운동을 하지 못하는 생활 패턴으로 인해 우리의 몸은 빠른 속도로 산화되어 간다. 만나는 사람만 만나는 갇힌 삶을 살다 보니 사유의 폭도 좁아져 갈 것이다.

그러나 역사적으로 위대한 저작과 활동 대부분은 고립된 생활을 통해 완성되었다. 정조가 세상을 떠나고 18년 동안 유배를 떠난 정약용은 그 시간에 오롯이 학문에 몰두해 조선 실학을 집대성했다. 손정의 회장은 시한부 판정을 받고 2년 동안 병상에서 독서와 사색을 거듭한 후에 자신의 경영 철학을 완성해 현재의 사업을 이룩했고, 스티브 잡스는 자신이 만든 회사에서 쫓겨난 이후 절치부심 끝에 다시 경영 일선에 복귀하여 현재의 애플을 만들어냈다.

　이처럼 '나다움'은 사람들에게서 떨어져 있을 때 완성되고, 그 나다움은 현대 사회의 가장 큰 경쟁력이다. 그런데 우리는 관계를 통해 나다움을 찾고자 한다. 하지만 그 노력은 우리의 귀중한 시간을 잡아먹을 뿐 별다른 유익을 주지 못한다. 상황과 위치가 바뀌면 만나는 사람의 범주 역시 필연적으로 바뀐다. 그러나 대부분은 찰나의 좁은 상황 속에서만 위치를 바꾸려 애쓸 뿐 진정한 의미의 노력은 게을리하고 이를 뒤늦게 후회한다.

　혼자 있을 수 있는 힘을 갖춘 자는 불필요하고 건강하지 않은 관계로부터 자신을 해방할 수 있다. 또한, 상대에게 기대하지 않고 의존하지 않기에 자연히 관계에 있어 우위를 점한다. 그리고 혼자 있는 시간을 자신에게 투자하기에 지나간 만남에 미련을 갖지 않고 앞으로 나아갈 수 있다. 사교적 활동 또한 우리 삶에 필수적인 부분이지만, 그것에 인생이 잠식당해선 안 된다. 균형을 유지하도록 노력해야 하며, 관계보다 중요한 건 자신의 발전임을 잊지 않아야 한다.

　현재 내 주변 사람들은 골프에 열광한다. 골프가 매력

적인 운동이고 그로 인해 좋은 사람들을 만날 수 있다는 점은 인정한다. 그러나 개인적으로 나는 라운딩에 소요되는 반나절의 시간 동안 집필과 사색에 힘 쏟으면 더 많은 것을 얻을 수 있을 거라 믿기에 앞으로도 골프는 하지 않을 생각이다. 대신 혼자만의 시간을 확보해 개인적인 역량을 개발시켜 더 높은 이상에 다가가기 위해 노력할 것이다. 잃는 것도 있겠으나 만남은 찰나이며, 내가 발전하는 것이 향후 더 좋은 관계를 맺을 수 있는 가장 확실한 방법이라 믿기 때문이다.

혼자만의 시간을 가지려 한다면 주변 사람들은 서운함을 표출할 것이다. 그러나 그 서운함도 감내할 수 있는 용기가 필요하다. 사교를 위해 늘어지는 잦은 술자리보다 오전의 커피 약속이나 한 달에 한 번 맛있는 음식을 함께 먹는 주기적인 만남이 내가 추구하는 생활 패턴임을 상대에게 이해시켜야 한다. 이런 변화에 멀어져 가는 사람도 소수 있겠지만, 대다수는 그런 나의 변화를 이해해줄 것이다.

왜냐하면 나는 항상 그들을 배려했고 친절하고 따뜻하게 대해왔기 때문이다. 그동안 내가 쌓아 올린 평판의 잔고가 나의 인상을 만들었고, 이에 더해진 누적된 친절함이 시간이 흘러도 사람들을 항상 내 편이게 할 테니까.

4단계: 욕구의 교집합 찾기

무언가를 추구하게 하는 도파민의 작용으로 우리는 매 순간 원하는 바가 명백히 존재한다. 허기진 상태에서는 맛있는 음식을 먹고 싶을 것이고, 마음에 드는 사람 앞에서는 더 근사한 사람으로 보이고 싶을 것이다. 그러나 어떤 사람은 자신의 욕구를 언어로 표현하는 기술이 부족해 뭘 해보지도 않고 포기한 채 속앓이만 한다. 반대로 또 어떤 사람은 자신이 원하는 바를 집요하게 표현해 주변인들에게 반감을 사 사회적으로 고립된다.

그러니 삶을 획기적으로 바꾸기 위해 중요한 것은 나와 타인의 욕구를 관찰하는 안목과 그 사이의 교집합을 찾아 세련된 언어로 풀어내는 기술이다. 대부분의 사람은 이러한 안목과 기술이 부족해 불만족의 상태로 살아간다. 그렇기 때문에 사람들은 누군가 내게 먼저 다가와 내가 원하는 바를 알아차려주고 서로가 원하는 일치된 방향으로 일을 이끌어갈 때, 이를 센스이자 배려로 받아들인다. 그런 이끌림 안에 자신의 욕구가 잠재되어 있다는 사실은 쉽게 눈치채지 못한다. 그러니 먼저 다가가는 사람 입장에서는 이런 과정을 물 흐르듯 자연스럽게 진행해 상대의 거부감을 처음부터 불식시켜

놓는 것이 이 단계의 핵심이다.

준비된 면접자는 자신이 지원한 회사가 원하는 인재상을 파악하고 그에 맞는 답을 준비한다. 일류 기획자는 제안서를 작성하기 전 클라이언트가 원하는 바를 예민하게 파악하고 이를 구체적인 언어로 표현한다. 자신이 원하는 바와 상대가 원하는 바가 겹치는 지점에 대한 명확한 인식이 필요하다. 상대가 원하지만 말하지 못하는 부분과 자신에게 실리가 되는 부분의 교집합을 찾아 자연스럽게 연결 지어야 한다. 합치된 이해관계는 일을 순조롭게 진행시킬 뿐만 아니라, 상대에게 유대감을 형성해주고 관계를 더욱 공고히 해준다.

이 책을 출판하기 전 편집자는 내가 쓴 원고에 대한 확신과 자신이 그동안 출간한 도서에 관해 이야기해주었다. 비슷한 조건에서 내가 가장 중요하게 생각한 것은 원고에 대한 편집자의 확신이었다. 그런데 그는 이를 두괄식으로 강력하게 표현함으로써 나의 불안을 일순간에 없애주었다.

나 역시 다양한 비즈니스 파트너를 만날 때마다 상대가 원하는 바를 두괄식으로 제시한다. 그리고 그것에 내가 기여할 수 있는 부분을 말한다. 이로써 많은 생산성 있는 활동을 함께 도모할 수 있다. 단순히 좋은 사람으로 기억되는 것이 아니라, 인간관계를 주도적으로 끌고 가고 싶다면, 상대와 내가 가진 욕구의 교집합을 찾아 이를 정확한 언어로 표현하는 법을 배워야 한다.

5단계: 통찰자와의 연대

앞선 네 단계를 통해 인간관계를 맺다 보면, 관계의 본질을 터득하고 이를 실천하는 통찰자를 마주하게 될 것이다. 당신의 관계력이 진정으로 우수하다면 그들도 예민한 눈으로 당신을 알아볼 것이다. 그리고 결국 서로의 가치를 인정할 것이다. 우수한 사회성을 지닌 사람은 가뭄에 콩 나듯 드물기에, 그들은 당신을 귀하게 대할 것이며 덕분에 서로 짧은 시간에 가까워질 것이다.

그럴 때는 그들과 집중적으로 교제하여 관계의 밀도를 높여가는 것이 좋다. 그들은 그런 통찰을 기반으로 앞선 인생을 살아왔기에 좋은 평판과 우수한 인적 네트워크를 보유하고 있을 것이다. 그들의 자원과 나의 자원이 더해지면 그 시너지는 배가 되어 당신의 관계력은 더할 나위 없이 강해질 것이다.

서로가 서로의 좋은 면을 알아보고 인정하기에 그들은

당신이 어려운 상황에 처할 때 기꺼이 힘이 되어줄 것이며, 그건 반대의 상황에서도 마찬가지다. 좋은 사람을 곁에 두어 서로 좋은 영향을 주고받는 것은 삶을 풍요롭게 만드는 가장 좋은 방법이다.

마음을 얻고 싶은 타인과 대화할 때

필요한 건 판단도 해결책도 아니다.

그들이 원하는 것은 그저 자신에 대한

호기심과 호응뿐이다. 그것으로 충분하다.

타인에 대한 호기심은 자신의 내면이

평온해진 상태에서 찾아온다는 사실을 잊지 말자.

그러니 먼저 자신을 다스려야 한다.

가치

공감능력의

들을 수 있는 능력

인간은 누구나 자신을 특별하다고 생각하고 자신의 유일성을 인정받고 싶어 한다. 그러나 대부분 자기 상황과 감정에 매몰된 채 살아가기에 타인의 유일성을 이해하려는 시도는 하지 못한다. 서로 자기 말을 하기 바쁜 세상이다. 모두 자신의 불만족에 대해 누군가 알아봐주길 기대하지만, 결핍과 결핍의 대결은 더 큰 결핍을 양산할 뿐이다. 그렇기 때문에 경청할 줄 아는 사람의 사회적 가치는 굉장히 높다.

나는 오늘날 우리 사회가 전반적으로 공감능력이 매우 떨어져 있다고 생각한다. 사람들은 자신의 과시욕과 표현욕을 SNS의 글을 통해 해소하고, 모바일 메신저의 이모티콘으로 감정의 소통을 도모하지만, 반대로 다른 사람의 욕구와 감정을 이해하려는 노력은 좀처럼 하지 않는다.

지하철을 타면 거의 모든 사람이 스마트폰 속 세상에 빠져 있다. 무언가에 매우 몰입해 있는 것처럼 보이지만, 사실 그들의 입에는 하고 싶은 말들이 잔뜩 고여 있다. 그들은 자신의 존재를 인정받고 공감받기를 원하지만, 그게 현실 세계에서 잘 충족이 되지 않기 때문에, 인간의 내면을 다루는 드라마나 관찰 프로그램 등을 통해서 그 느낌을 간접적으로 해소한다. 몇 번의 가벼운 인사와 호응, 그리고 조용하고 편한 자리만 마련되면 사람들은 누구에게든 자기 고민을 상세하게 털어놓는다. 그리고 몇 마디 안 되는 짧은 조언에도 큰 위로를 받는다. 베스트셀러 순위에 언제나 위로 에세이가 빠지지 않는 까닭은 현실에서 이런 역할을 수행해줄 존재가 그만큼 희소해졌기 때문이다.

10년 전만 하더라도 위로에는 자격이 필요했다. 그래서 젊은 사람은 자기보다 나이가 많은 어른에게 깨달음을 얻고자 했으며, 공신력 있는 누군가의 말을 들으며 위로를 얻었다. 위로받는다는 사실 자체가 자신의 나약함을 드러내는 일이기에, 자존심 문제가 개입되는 경우가 많았다. 그러던 어느 순간부터 갑자기 '힐링'이라는 단어가 유행처럼 번지기 시작했다. 아마 삶의 불만족이 더 커졌기 때문일 것이다. 타인과의 비교가 더 투명하게 이뤄지고, 비교는 결핍을 더 키우기 마련이니까.

그래서 사람들은 '소확행'이나 '욜로'라는 이름으로, 맛있는 음식, 사치, 여행, 캠핑 등을 통해 스스로를 힐링하고자 한다. 고양이 영상, 먹방, ASMR, 브이로그 등 온갖 유튜브 방송을 통해서도 힐링받는다. 그리고 힐링받았다고 표현하는 것을 주저하지 않는다. 실제 만남에서도 조금만 여건이 마련되면 자신의 고민을 털어놓는다. 분주한 입을 잠시 닫고 의식적으로 귀를 여는 습관만 들여도 많은 사람이 자신에게 의지하게 된다는 사실을 깨달을 것이다. 정리하자면, 상대와 공감하기 위해 그리 많은 노력이 필요하지 않다는 얘기다. 우리는 지금 공감의 효율이 가장 높은 시대를 살고 있다. 결핍으로 가득한 사회에서 상대의 이야기에 귀 기울이는 사람만이 쉽게 누릴 수 있는 시대적 특권이다. 이런 특권을 누리고 싶다면, 지금부터 이야기할 공감의 5단계를 내 삶에 바로 적용해보자.

1단계: 인사하기

자신의 존재가 인정받고 지지받는다는 느낌. 그것이 바로 공감이다. 이를 위해서는 먼저 그 사람의 존재 자체를 알아봐주어야 한다. 그것이 바로 인사인데, 사람을 만났을 때 진심을 담아 반갑게 인사하는 사람이 점점 드물어지고 있다. 심리적 여유가 없기에 그저 형식적으로 인사할 뿐이다. 심지어는 상대를 앞에 두고도 본체만체하는 상황도 비일비재하게 일어난다. 공감의 효율이 높은 시대이기에 누군가에게 미소를 머금은 채 인사만 건네도 그들은 쉽게 마음을 연다.

"우리 주위에는 마법의 물약을 쓰지 않고도 마법을 부

리는 사람들이 있다. 이들은 정중한 인사만으로도 사람들의 환심을 살 수 있다는 것을 알고 예의 바르고 친절한 태도로 상대방의 호의를 얻는다."[11]

17세기 스페인의 수도자 발타자르 그라시안Baltasar Gracián y Morales의 말이다. 나를 이용하려고 예의로 가장해 다가오는 사람들을 경계하라는 맥락에서 한 말이지만, 그만큼 인사라는 간단한 행동이 갖는 힘을 강조하고 있기도 하다. 인사는 상대의 마음의 문을 여는 가장 단순하면서도 강력한 행동인 것이다.

물론 그런 환대가 익숙하지 않거나 양가 애착 성향이 발달한 사람은 처음 건네는 인사에 겸연쩍게 혹은 냉담하게 반응할 수도 있다. 겉으로는 그럴지라도 그들의 속마음은 자신의 존재를 알아차려 주었다는 사실 자체로 크나큰 안정감을 느낀다. 이러한 인사들이 누적될수록 그들은 상대에게 신뢰를 느끼고 호의적인 감정을 품게 된다. 모든 공감은 인사와 환영에서 출발한다. 그리고 인사의 목적은 그들의 존재 자체를 알아차려주는 것에 있다.

2단계: 호기심과 호응

대학로 소극장 한산한 객석에 중년의 남성 한 명이 가운데에 앉아 있다. 그리고 구석 자리에서 오붓한 시간을 보내러 온 커플 한 쌍이 있다. 관객은 이들 셋뿐이다. 무대에는 햄릿 역할을 맡은, 볼이 움푹 팬 30대 중반의 배우가 바깥의 찬란한 오후 햇살과는 대조적인 무거운 중세 갑옷을 걸친 채 음울한 표정으로 독백을 이어가고 있다.

구석 자리에 앉은 커플은 서로 귓속말로 사랑을 속삭이기 바쁘다. 반면 갑옷 같은 정장에 넥타이를 매고 극장을 찾은 중년의 남성은 배우와 혼연일체가 된 듯 연극에 깊이 빠져들었다. 배우가 내뱉는 단어들을 나직이 곱씹으며, 햄릿의 고뇌를 온몸으로 받아들이고 있다. 그의 표정은 슬프기도 하고 아련하기도 하다가 이내 다시 슬픔으로 빠져든다. 무역회사 부장인 그의 어린 시절 꿈은 연극배우였다. 그래서 무대 위 배우의 모습에 자신의 모습이 비쳐 보인 것이다.

한산한 무대 위 배우는 매 순간 고독했다. 현실적인 압박이 오랫동안 그를 짓눌러 왔다. 풀 한 포기 자라지 않는 황량한 사막을 홀로 걷고 있다는 기분을 자주 느꼈다. 그의 예술혼은 갈 길을 잃고 정처 없이 헤매는 중이었는데, 어느 날 자신에게 집중하고 있는 객석 중앙의 중년 남성을 보게 되었다. 배우는 완전히 몰입하여 자신을 오롯이 바라보고 있는 그 한 사람을 위해 자신이 가진 예술혼 전부를 불러내 무대 위로 쏟아부었다. 배우는 자신의 몸짓을 쫓아오는 그의 눈동자를 의지하며 무대를 후회 없이 끝마칠 수 있었다. 중년 남성이 그에게 해주었던 일이라곤 반응 하나뿐이었는데, 바로 그것이 배우의 움직임에 의미를 부여해주고, 진정성을 끌어낸 것이었다.

우리 역시 많은 경우 무대 위 무명 배우처럼 살아간다. 내가 원하는 것 이상의 호응을 세상은 좀처럼 나에게 보여주지 않는다. 아니, 그 반절에 해당하는 호응조차 내게 주어지지 않는다. 그럴수록 타인의 반응에 개의치 않고 자신의 내면에 몰두하고 고독과 친해지는 습관을 길러야 하는데 그게 쉽지 않다. 우리는 잘 때조차 온라인 환경에 접속되어 있기 때문이다. 그 관성을 끊어내기 위해 노력할 동인조차 찾기 어렵다. 그러니 매일 허우적대는 일상이 반복된다.

그런 무의미한 헤엄 속에서 자신의 말에 반응해주는 소수의 존재는 오롯이 쉴 수 있는 안식처가 되어준다. 사실 적절한 반응에는 별다른 심리학적 기술이 필요하지 않다. 그저 상대의 말 한마디에 호기심을 가져주는 것만으로 충분하다. 상대에 대한 호기심만 있다면 말과 행동, 표정은 굳이 의식하지 않아도 자연스럽게 나온다. 그런데도 호응을 해주는 사람이 이토록 적은 까닭은 그만큼 많은 사람이 자신의 결핍을 채우는 데 급급해 다른 사람에게 호기심을 가질 여유가 없기 때문이며, 그런 경험이 별로 없어 미숙하기 때문이다.

호기심에서 비롯된 호응은 상대의 마음을 얻기 위한 가장 간편하고 효율적인 방법이다. 그리고 갈등과 결핍이 심화된 사회일수록 그 효과는 배가 된다. 지금을 타인에 대한 호기심이 상실된 시대라고 선언해도 크게 무리는 없을 것이다.

많은 사람이 그 호기심을 직접 대면한 적 없는 영상 속 인물들을 통해 충족할 뿐이다. 현실에서 관심과 호응을 주는 존재는 더할 나위 없이 귀하다. 그러니 우리는 자신에게 호기심을 보이는 타인에게 쉽게 마음을 열고 자신의 것을 기꺼이 내어준다. 귀한 사람이기 때문이다.

상대에게 베푸는 공감은 이것만으로도 충분하다. 어느 조직이나 관계에서건 습관화된 호응은 우리의 인격으로 포장되어 우리를 더 귀하고 우월하게 만들어줄 것이다. 마음을 얻고 싶은 타인과 대화할 때 필요한 건 판단도 해결책도 아니다. 그들이 원하는 것은 그저 자신에 대한 호기심과 호응뿐이다. 그것으로 충분하다. 타인에 대한 호기심은 자신의 내면이 평온해진 상태에서 찾아온다는 사실을 잊지 말자. 그러니 먼저 자신을 다스려야 한다.

3단계: 유사성 도출

상담 심리학에서 상담자가 내담자의 내면을 들여다보기 위해 가장 우선적으로 도달하고자 하는 목표는 라포Rapport 형성이다. 라포는 마음이 서로 통한다고 느끼는 관계에 존재하는 상호 신뢰를 나타내는 심리학 용어다. 상담자는 라포 형성을 위해 페이싱Pacing, 백트래킹Back Tracking, 미러링Mirroring 등의 심리학 테크닉을 활용한다.

페이싱은 내담자가 하는 말의 템포, 목소리의 크기, 분위기 등을 상담자가 유사하게 연출하는 것을 뜻한다. 상대방과 전체적인 보조를 맞추는 것이다. 백트래킹은 내담자가 했던 표현을 그대로 활용하여 맞장구를 쳐주는 기술이다. 예를 들어 상대가 "오늘 비가 와서 컨디션이 좋지 않아요. 예전에 무릎 수술을 한 적이 있어 비가 오면 거기가 쑤셔요"라고 말하면, "그렇겠네요. 수술을 해서 비가 오면 컨디션이 안 좋겠어요"라고 조용히 답해주는 식이다. 그저 상대가 했던 말을 재정리하는 수준이지만 대개 상대는 "맞아요. 그래서…"라며 신이 나서 다음 말을 이어간다. 미러링은 무의식적으로 상대의 행동을 따라 하는 것을 뜻한다. 연인이나 친구 관계에서 마치 거울을 보는 듯 사소한 제스처나 말투를 따라 하는 경우가 있는데, 이처럼 미러링 행동을 보이는 관계에서 라포 형성이 잘 된다.

이들 세 가지 심리학 테크닉의 공통점은 상대를 흉내 내는 것이다. 이를 통해 자신과 상대가 유사성이 많은 사람이라는 것을 무의식에 주입해, 빠른 시간에 상대와의 친밀감을 올릴 수 있다. 라포 형성을 통해 내담자는 자신의 존재가 인정받는다는 느낌을 가지게 되고, 상담자에게 마음을 활짝 열게 된다.

이성 관계에서도 취향이 겹치는 것만큼 둘을 단시간 내에 가깝게 만드는 것은 없다. 사람은 본능적으로 자신과 유사한 사람에게 끌린다. 상대와의 유사성은 자신의 특별함이 지지받는다는 느낌을 강하게 제공한다. 나와 비슷한 존재가 세상 먼 곳이 아닌 바로 눈앞에 있다는 사실은 커다란 심적 위안이 된다. 그래서 온갖 온라인 커뮤니티에는 비슷한 취향과 생각을 가진 사람들이 모여 서로에게 기대고 의지한다.

자신과 유사한 사람들끼리 소규모 사회를 만들고자 하는 것은 본능에 가깝다. 사회와 국가 역시 그렇게 형성되었다. 같은 역사를 공유하고, 같은 영토에 살며, 비슷한 문화 양식을 가졌다는 사실이 주는 유대감은 사회와 국가를 지탱하게 하는 가장 큰 힘이다. 실제로 인간의 뇌에는 거울 신경 체계Mirror Neuron System가 존재하는데, 상대가 자신과 동일하게 행동하는 것을 관찰할 때 이 영역이 활성화된다고 한다.

스웨덴의 심리학자 울프 딤버그Ulf Dimberg는 뇌의 거울 신경 체계를 증명하는 실험을 했는데, 실험 참가자들에게 다양한 표정의 사진을 보여주며 최대한 무표정을 유지하게 했다. 그럼에도 0.5초라는 짧은 시간 동안 웃는 표정의 사진을 본 사람들의 얼굴에는 웃는 근육이 반응했다. 찡그린 표정을 볼 때도 마찬가지였다. 제대로 인지할 수 없는 찰나의 시간이었음에도 참가자들은 무의식적으로 사진 속 표정들에 반응했다. 심지어는 악취를 맡고 불쾌한 표정을 짓고 있는 사진을 보았을 뿐인데도, 실제 악취를 맡은 때와 똑같은 뇌 영역이 반응하고 있는 결과도 있었다.[12]

인간에게 공감능력은 본능이라는 얘기다. 그럼에도 자신의 유일성만 인정받으려는 고집 때문에 이 공감능력이 제대로 발현되지 못한 채 퇴화되고 있다. 사실 낯선 상대와 이런저런 이야기를 주고받으며 서로의 공통분모를 발굴해나가는 재미는 상당하다. 그리고 내가 먼저 공감을 쌓기 위해 상대와의 유사점 도출을 주도하게 되면, 상대는 그 즉시 표정과 말투로 이에 대한 보상을 제공한다. 이는 일종의 게임처럼 즐거운 과정이며, 이러한 호의적인 반응이 쌓이면 인간관계에 있어 큰 자신감으로 작용한다.

유사성 도출 단계에서의 핵심은 '너도 특별하고 나도 특별한 존재지만, 우리는 이러한 특별한 부분을 공유하고 있구나'라는 메시지의 전달이다. 그런 마음으로 대화를 이어나가고, 상대 또한 내가 추구하고자 하는 맥락을 이해할 때 친밀감은 기하급수적으로 증폭된다.

서로 반대 성향에 끌린다고 말하는 사람도 많다. 머리를 쓰는 사람은 몸을 쓰는 사람에게 끌리고, 몸을 쓰는 사람은 머리를 쓰는 사람에게 매력을 느끼는 식이다. 하지만 이런 경우 역시 양쪽 다 서로 반대의 매력에 끌린다는 유사점이 도출되어야 합이 맞을 수 있다.

외계에서 온 사람처럼 혼자만의 유일성을 극단적으로 추구하는 사람에게는 좀처럼 매력을 느끼기 힘들다. 이성이든 동성이든 관계를 지탱하기 위해서는 거시적인 차원에서 공유되는 유사점이 있어야 한다. 학창 시절의 친구들이 각별한 이유는 함께 공유하는 장소, 시간, 사건이 있기 때문이다. 그런 경험들이 놀랍도록 유사하기에 더욱 특별하게 느껴지고, 그래서 삶이 힘들 때면 그들을 찾는 것이다. 반대로 세월이 흘러 그들의 환경과 나의 환경 사이에 커다란 격차가 생기면 애석함을 느낀다. 선명했던 유사점들이 점점 희석되기 때문이다.

사회적 매력이 뛰어난 사람들에게는 상대방의 사고방식을 잘 이해하고 상대방의 언어를 사용할 줄 안다는 공통점이 있다. 의식적으로 그렇게 하는 게 아니라 그런 태도가 몸에 배어 있다. 어린 조카들을 만나면, 그들이 좋아할 법한 유머와 말투로 친근하게 다가가고, 나이가 지긋한 어른을 만나면 그들이 주로 사용하는 온화하고 정결한 언어로 반응한다.

또 사회적 지위를 막론하고 고향 친구들과 만나면 상대를 허물없이 대한다. 상황과 맥락에 맞게 자신을 조정하는 것은 그들이 가진 좋은 습관이자 능력이다. 그들은 자기 존재에 대한 아집을 보이지 않음으로써 쉽게 우수한 관계력을 획득한다.

4단계: 고민 들어주기

사람은 누구나 크고 작은 고민을 안고 살아간다. 그 고민은 높은 확률로 이 세 가지 중 하나일 것이다. 대인관계 문제, 진로 문제, 그리고 돈 문제. 누군가의 고민을 들어본 기억들을 떠올려보라. 아마 이 셋 중 하나에 속하거나 이것들이 복합적으로 작용한 고민일 것이다. 상대가 나에게 고민을 털어놓는다는 것은 나에 대한 인간적 호감과 신뢰가 있기 때문이다. 친밀감이 없고, 한 공간에 있는 것이 어색한 상대에게 자기 고민을 말하는 사람은 없다. 그러니 누군가가 자신에게 고민을 털어놓는다면 라포 형성이 어느 정도 진전되었구나

하고 자신해도 좋다.

고민을 들어줄 때 주의해야 할 점은 상대가 자신의 고민을 충분히 표현했다는 생각이 들 때까지 말을 끊지 않는 것이다. 상대는 고민에 대한 해결책을 바란다기보다 고민을 털어놓는 과정 그 자체에서 큰 위안을 얻는다. 그래서 점도가 짙은 고민을 안고 가는 사람은 대화에 앞서 "어떻게 생각하세요?"가 아닌 "제 얘기 좀 들어주실래요?"라고 말문을 연다. 자살 방지 센터의 상담원들이 제일 먼저 하는 일 역시 "당신의 이야기가 궁금해요. 들려줄래요?"라고 묻는 것이다. 그리고 상대가 미련 한 점 남기지 않고 자기 이야기를 마칠 때까지 재촉하지 않고 들어준다. 벼랑 끝에 선 사람들은 이런 과정을 통해 삶을 다시 이어갈 이유를 찾는다.

나는 20대 초반부터 특발성 두드러기라는 질환을 앓고 있어 오랫동안 항히스타민제를 복용해왔다. 이러한 고민을 털어놓으면 대다수는 기름진 음식과 밀가루 음식을 줄이고, 술과 담배를 끊으라는 식으로 빠르게 조언했다. 사실 그런 정보쯤이야 고통을 겪고 있는 내가 이미 더 잘 알고 있지 않겠는가. 그저 내가 원했던 것은 '정말 힘들겠구나', '걱정이 많겠네' 하는 식의 공감이었다. 그런데 이런 공감을 해주는 사람을 만나기는 어려웠다. 그럴 때마다 사막 한가운데에 혼자 서 있는 것 같은 고독감이 나를 덮쳤다.

그러다 사회성이 높은 누군가를 만났다. 그는 빠르게 결론 내리기보다는 나의 말을 묵묵히 들어주었다. 그 뒤 자신의 경험에 관해 이야기했다. 별로 길지도 않은 말이었다. 자신도 회계사 시험을 준비할 때 스트레스를 많이 받아 성인 아토피를 겪었다고, 남들은 몰라주는데 혼자만 앓는 그 기분이 뭔지 알 것 같다고 이야기했다. 또 회계사 시험은 떨어졌는데 이 성인 아토피는 아직 완전히 떨어지질 않는다고 좋은 것 있으면 같이 공구해서 먹자고 자조하듯 농담조로 말했다. 그 짧은 말 몇 마디에 나는 더할 나위 없는 위안을 느꼈다.

지수성가한 누군가에게 현재 상황에 대한 어려움을 토로하면 대부분은 과도한 자신감을 드러내며, 자신이 과거에 더 힘든 상황을 겪어왔다며 지금 내 어려움은 별것 아니라는 식으로 조언을 해준다. 하지만 그런 말에 안심하는 사람이 있을까. 지금 그들에게 필요한 것은 그들이 처한 상황에 대한 이해와 공감이다.

인류는 많은 문제를 해결해오면서 진화해왔다. 식량 문제, 자원 문제, 영토 분쟁 등 셀 수 없이 많은 문제에도 굴하지 않고 하나씩 명석하게 해결하며 문명을 진보시켰다. 그래서인지 문제를 발견하면 이를 해결하고자 하는 본능부터 발동된다. 그리고 이에 대한 해결책을 제공한다는 사실 자체에서 우월감을 느끼고 존재 가치를 발견하기도 한다. 망치를 든 사람 눈에는 못밖에 들어오지 않는다. 그래서 그들은 배출된 고민에 조급하게 망치질을 시도한다. 사실 누구나 알고 있다. 자기 문제를 해결할 수 있는 사람은 자신뿐이라는 것을. 그러니 고민을 털어놓는 사람이 있고, 그와 형성된 라포를 망치로 깨트리고 싶지 않다면, 우리가 할 일은 그저 들어주고 반응해주는 일뿐이다.

5단계: 지지하기

공감의 마지막 단계는 바로 지지와 응원이다. 지지는
관계가 갖는 궁극적인 목적에 가깝다. 우리가 사랑하는 사람
과 결혼하려는 이유도 평생 내 편을 만들기 위해서다. 삶이
혼란할수록 지지할 무언가가 필요하고, 느티나무처럼 우직
하게 곁에서 나를 지지해주는 존재는 삶을 풍요롭게 만들어
준다. 현재 그러한 존재가 곁에 없더라도 언젠간 생길 거라
는 기대와 환상으로 살아가는 사람도 많다. 안정적인 가정환
경에서 자라온 사람들이 갖는 유리한 지점 역시 삶에 이러한
지지대가 존재한다는 점이다. 이러한 안정감이 역설적으로

타인에게 애정을 갈구하지 않으며, 건강하지 않은 관계를 단칼에 차단할 수 있는 용기를 가져다준다.

내 삶의 지지대가 불명확하다면 자신이 먼저 인간적인 호감을 갖는 사람들에게 지지를 보내줘야 한다. 먼저 베푼 지지는 그 주변으로 쉽게 전염되고, 결국 부메랑처럼 내게 돌아와 나를 지지하는 단단한 버팀목이 되어준다. 먼저 지지 해주어야 지지받을 수 있는 것이다. 한 가닥의 얇은 나뭇가지는 쉽게 부러지지만, 이 나뭇가지들이 덧대어 하나가 되면 그 곱절로 단단해진다. 그래서 내면이 유약할수록 먼저 상대를 지지할 줄 알아야 한다.

사람들은 받는 만큼 주고 싶어 한다. 또한, 주는 만큼 오게 되어 있다고도 믿는다. 다만 심적 여유가 없기에 먼저 주지 못하는 것이다. 수만 년 전의 인류는 자신이 힘들게 잡은 사냥감을 타인에게 먼저 베풀었다. 오늘은 자신이 사냥감을 잡았지만, 다음번에는 다른 사람이 사냥감을 잡을 수 있다는 사실을 알았기 때문이다. 그렇게 배려와 상생을 발전시켜왔다. 물론 받는 만큼 주고 싶어 하는 본능을 스스로 제거한 사람도 있다. 그들은 양가 애착과 회피 애착 성향이 강해 타인을 자신의 결핍을 해소하기 위한 수단으로만 여기므로 누군가의 지지를 받을 자격이 없다. 그게 아니라면, 누구든 목적 없는 지지를 받을 자격이 충분하다.

지지는 두 가지 차원에서 이루어진다. 첫 번째는 현재 상황은 좋지 않지만, 흐린 뒤에 맑은 날이 오는 것처럼 결국 다 좋아질 거라고 낙관적인 전망을 제공해주는 것이다. 상황이 급작스럽게 어두워지면 동굴 속에 갇힌 사람처럼 당사자들은 빛의 존재와 빛의 감각을 잃어버리고 만다. 그런 사람에게 밝은 미래에 대해 확언해줌으로써 상황을 이겨낼 용기를 북돋아줄 수 있는 것이다.

두 번째는 상대의 태도와 역량을 지지해주는 것이다. 그동안 쌓아온 자질이 이런 안 좋은 상황을 극복할 만큼 충분하다고, 딩신이니까 이런 어려움도 잘 헤쳐나갈 거라고 확언해주는 것이다. 내면이 단단하지 못한 사람들은 자신감의 기복이 심하다. 그래서 바깥의 상황 변화에 예민하게 반응하며 자신감을 금세 잃는다. 그런 사람들에겐 그동안 잘 해왔으니 앞으로도 잘 헤쳐나갈 수 있을 거라는 자신감을 불어넣어 줘야 한다. 곧 좋아질 거라고, 당신이라서 가능한 거라고 강하게 지지해주는 것이다.

이런 지지와 응원은 가장 높은 차원의 공감이다. 그리

고 한 사람의 생을 바꾸어줄 만큼의 강한 파급력을 가지고 있다. 1950년 미국 미시간주에서 태어난 스티블랜드 하더웨이 모리스Stevland Hardaway Morris는 미숙아로 태어나 인큐베이터 생활을 하던 중 산소 공급 과다로 시력을 잃게 됐다. 온 세상이 암흑이던 그 아이는 따돌림을 받으며 무기력하게 초등학교를 다녔다.

그런 그가 아홉 살 때의 일이다. 교실 바닥에서 난데없이 쥐가 나타났다 숨으면서 교실은 아수라장이 되었다. 당시 담임교사는 시력을 잃은 그에게 특별한 청력이 있다는 걸 알았고, 그래서 그에게 쥐가 숨은 곳을 알려달라고 요청했다. 그러자 그는 쥐가 있는 벽장을 정확히 가리켜 교사가 쥐를 잡는 데 도움을 준다. 수업이 끝난 후 교사는 "신이 너에게 시력을 주지 않았지만, 그 이상으로 특별한 귀를 선물했다"라며 아이에게 커다란 지지를 보내주었다. 그 말을 가슴에 새긴 그는 훗날에 1억 장이 넘는 앨범을 판매하고, 스물다섯 번의 그래미 상을 수상하며, 〈Isn't She Lovely〉 등 세기의 명곡들을 만든 팝 음악의 거장 스티비 원더Stevie Wonder가 된다.[13]

유년기에 지지를 받지 못한 사람일수록 타인을 지배하려는 성향이 두드러지게 나타나고 이러한 시도들은 번번이 실패한다. 그들은 자신에게 있는 커다란 잠재력을 인지하지 못한 채 낙담 속에서 성장기를 보낸다. 청년 시절에도 실패가 반복되면 잠재력을 찾으려는 시도 자체를 포기한다. 그런 그들에겐 주기적이고 안정적인 지지가 절대적으로 필요하다. 아니, 사실 그들뿐만이 아니다. 지지가 필요하지 않는 사람은 없다. 이 글을 쓰고 있는 나도 마찬가지다. 한 개인이 이룩한 성취가 얼마가 됐든 인간은 유약하고 부러지기 쉬운 존재다. 그러니 삶의 질곡에서 타인의 든든한 지지를 받고자 한다면, 우리가 먼저 자격을 갖춘 이들에게 지지를 보내보자.

Chapter

6

삶

유혹자의

유혹의 필수 요소:
긴장감과 감정적 투자

우리는 경우에 따라 누군가에게 유혹당하기도 하고, 누군가를 유혹하기도 한다. 의도적으로 그럴 수도 있고, 의도치 않게 벌어질 수도 있다. 유혹은 흔히 이끌림으로 정의된다. 자신의 자질과 매력으로 다른 사람의 관심을 끄는 행위의 총체가 바로 유혹이다. 그러니 유혹은 남녀 사이에서만 존재하는 게 아니다. 사전에서는 매력을 '사람의 마음을 사로잡아 끄는 힘'으로 정의한다. 매력은 곧 '유혹하다'라는 동사의 명사인 셈이다. 종교, 정치, 기업을 막론하고 위대한 리더들은 모두 훌륭한 유혹자였다. 스티브 잡스는 반쯤 깨물어 먹은 사과 아이콘으로 세상을 유혹했다.

　누군가는 자신의 결핍을 채우기 위한 전략으로 유혹의 기술을 무분별하게 사용한다. 반면 자신의 경험과 가치관을 바탕으로 자신의 존재 그 자체로 많은 사람을 매료시키는 사람도 있다. 좋은 자질을 갖추었으나 특유의 조급함으로 자신이 가진 매력을 제대로 활용하지 못하고 살아가는 사람도 있고, 반대로 매력적으로 보이는 방법을 자연스럽게 체득하여 많은 사람을 유혹하는 사람도 있다. 분명 호감 있는 외모는 상대를 유혹하기 위한 좋은 자질이지만, 그것이 전부는 아니다. 우리는 외모가 뛰어나지 않은 사람에게도 간단히 유혹당하며 살아왔다. 대머리에 매부리코였던 로마제국의 창시자 율리우스 카이사르, 깡마르고 볼품없던 외모를 턱수염으로 보완한 미국의 제6대 대통령 에이브러햄 링컨 등 역사 속 수많은 지도자가 이를 증명한다.

　한 가지 받아들여야 할 사실은 유혹당하는 쪽보다 유혹하는 쪽이 심리적 안정의 측면에서 훨씬 유리하다는 것이다. 유혹당하는 입장은 필연적으로 더 많은 감정적 투자를 하게 되어 있다. 그리고 무엇보다 상대를 유혹해 그로부터 원하는 것을 얻어낼 수 있는 능력은 곧 그 사람의 사회적 권력이다.

그러니 우리는 자신이 가진 자원 안에서 스스로를 최대한 매력적으로 연출하는 방법을 알아야 한다. 동시에 유혹의 원리를 이해함으로써 건강하지 않은 유혹으로부터 자신을 지켜야 한다.

미국의 심리학자 프레더릭 스키너Burhus Frederic Skinner가 진행한 유명한 실험이 있다. 그는 쥐를 상자 안에 가두고 다양한 자극에 따른 쥐의 행동을 연구했다. 그는 쥐가 손잡이를 누르면 먹이가 나오도록 했는데, 각 조건을 달리하여 쥐가 어느 조건에서 손잡이를 더 많이 누르는지를 확인했다. 첫 번째 조건에서는 손잡이를 누르면 반드시 먹이가 나오게 했고, 두 번째 조건에서는 손잡이를 누르는 것과 관계없이 규칙적인 시간 간격으로 먹이를 줬다. 그리고 세 번째 조건에서는 손잡이를 누르는 것과 관계없이 불규칙적인 간격으로 먹이를 나오게 했다.

쥐는 첫 번째 조건에서 손잡이를 가장 적게 눌렀고, 세 번째 조건에서 가장 많은 손잡이를 눌렀다. 세 번째 조건에서 쥐는 하루 종일 손잡이만 바라보며 아무것도 하지 못했다. 마치 슬롯머신을 앞에 둔 도박 중독자의 모습과 비슷했다. 무언가를 욕구하는 도파민은 예측 가능한 안정적인 보상보다 가변적으로 일어나는 보상에 더욱 자극받도록 설계되어 있기 때문이다. 즉, 우리는 예측 불가능한 보상에 강하게 끌리는 것이다.

인공지능과 대화할 수 있는 '심심이'라는 앱이 있다. 이 인공지능은 우리가 대화를 입력한 지 2초도 안 되는 시간에 온갖 긍정적인 표현을 쏟아낸다. 예측 가능한 안정적인 보상에 우리는 곧 흥미를 잃는다. 반대로 아기가 걸음마를 뗀 지 얼마 안 되어 웅얼거리는 발음으로 말하는 "아빠" 혹은 "엄마" 소리는 부모의 기억에 평생토록 남는다. 양육자는 아기에게 그 어느 것과도 비교할 수 없는 감정적 투자를 하였고, 그런 아기의 한마디는 기대하지 못한 상황에서 받은 가뭄의 단비 같은 보상이기 때문이다. 이성 관계에서도 서로를 잘 알지 못하는 상태에서 쏟아내는 온갖 호의적인 표현에는 좀처럼 끌리지 않는다. 간헐적인 보상이 아닌 매일 쏟아지는 보상은 더 이상 보상으로서의 가치가 없다.

그러니 유혹의 초기 단계에서는 반드시 보상을 주되, 그 보상의 수급을 통제해야 한다. 동시에 적어도 상대방 역시 '내가 이 사람을 선택했다'라고 스스로 느낄 만한 공간을 만들어줘야 한다. 본인 스스로 감정적 투자를 했다고 여길

만한 거리감은 반드시 존재해야 한다. 상대에게 감정적 투자를 할 수 있는 충분한 시간을 제공해야 하는 것이다. 사람은 자신이 스스로 선택한 것을 끊임없이 합리화하고 긍정하는 확증 편향 기질을 타고났기 때문이다. 감정적 투자가 선제적으로 일어났다면, 상대는 한동안 자신의 투자를 지속적으로 긍정할 것이다.

더 쉽게 말해 간헐적인 부재로 상대가 나에 대해 생각해볼 수 있는 시간을 만들어야 한다. '아이돌Idol'의 사전적 의미는 '우상'이다. 아이돌을 향한 팬들의 애정은 시간이 지날수록 깊어진다. 어떤 매력에 이끌려 그들의 팬이 되기로 자처했고, 그 판단을 납득하기 위해 자신이 선택한 아이돌의 좋은 면을 계속해서 머릿속에 각인시킨다. 그리고 매일 그를 생각한다. 감정적 투자는 시간이 갈수록 커져간다. 이 감정적 투자를 보존하기 위해서는 설사 안 좋은 구설수가 있더라도 그를 적극적으로 방어해야 한다.

아이돌 역시 팬들에게 간헐적 보상을 제공한다. 예측하지 못한 신곡 발매, 팬들에 대한 애정 표현, 인스타 라이브나 유튜브 채널에 업로드하는 일상적인 영상 등이 그것이다. 그렇기에 아이돌은 늘 붙어 지내는 가족이나 친구와는 다른 아우라를 획득하고, 팬들은 그를 더욱 우상화하고 빠져든다.

'열 번 찍어 안 넘어가는 나무 없다'라는 말을 믿으며 이성을 유혹하려는 사람들이 있다. 만약 나무꾼이 타고난 유혹자라 자신의 존재를 매력적으로 포장해나간다면 열 번 찍어 나무를 넘어뜨릴 수도 있을 것이다. 하지만 그보다 더 확실하게 예측할 수 있는 사실 한 가지는 열 번 찍는 나무꾼이 더 나무와 사랑에 빠질 거라는 점이다. 사람은 자신의 행동을 끊임없이 긍정하는 회로를 가지고 있다. 나무를 베는 시간이 길어질수록 나무에 대한 생각도 깊어지고, 그런 자신의 행동을 합리화하기 위해 기꺼이 사랑에 빠지는 쪽을 택할 것이다. 인간은 잃는 것을 두려워하는 손실 회피 성향을 타고났다. 잃는 것을 극도로 꺼리는 식으로 자신의 뇌를 발달시켰고, 이로써 자원을 비축하는 행동을 유도해왔다. 그러므로 이미 감정적 투자가 어느 정도 진전되었다면, 이 감정이 쓸모없어지는 것을 견딜 수 없어 한다. 어떻게 해서라도 이 감정을 활용하려고 애쓴다.

그래서 협상에 관한 책에서는 타인에게 먼저 들어줄 수 있을 법한 작은 호의를 구하라는 구절이 꼭 등장한다. 무거운 것을 들어달라고 하거나 조언을 구하는 식으로 상대에게 작은 호의를 요청하고, 이 호의의 범위를 점차 늘려가는 것이다. 호의의 범위가 확장될수록 상대는 자신에게 덧입혀진 '좋은 사람'이라는 이미지를 포기하기 힘들어 한다. 바로 그런 타이밍에 핵심 제안을 하면 받아들여질 확률이 높다. 상대는 이미 자신이 베푼 호의를 무용지물로 만드는 행동을 꺼리기 때문이다.

'진심 만사형통'의 신념을 굳게 가지고 있는 사람들이 있다. 그들은 진심만 있으면 사람의 마음도 쉽게 얻을 수 있다고 착각한다. 그러나 진심만으로는 결코 사람을 유혹할 수 없다. 상대에게 진심 뭉텅이를 던진다고 해서, 그 마음을 소화해줄 사람은 없다.

유혹하고 싶다면, 상대를 고급 레스토랑의 손님처럼 생각할 필요가 있다. 손님은 자신이 메뉴를 선택하고, 그 메뉴가 도착하기까지 기다린다. 그동안 그는 식당 인테리어도 구경하고 어떤 음식이 나올지 기대한다. 그사이 셰프는 진심이라는 원재료를 맛있고 보기에도 근사한 요리로 바꾸어 손님에게 내놓고 퇴장한다. 손님은 근사한 요리를 맛보며 셰프를 다시 한번 생각한다. 셰프는 손님에게 최선을 다하지만, 그 관계에는 적정 수준의 긴장감이 배어 있다. 유혹에 있어 궁금해하는 마음과 기대하는 시간은 선택이 아니라 필수다. 그것이 존재하지 않는다면 유혹은 성립되지 않는다.

한 글자 한 글자 눌러 담는 연애편지를 통해 상대에게 마음을 전달하던 시절이 있었다. 연애편지를 쓰는 몇 시간 동안 그는 오롯이 상대를 생각한다. 답장을 보내는 상대 역시 마찬가지다. 오가는 편지의 수가 수북하게 쌓여감에 따라 둘의 감정적 투자 역시 이에 비례하여 깊어진다. 그리고 둘은 자신의 투자에 후회가 없도록 서로 함께한 시간을 아름답게 추억한다. 이러한 과정에서 둘 사이에는 애틋함이라는 한 단어가 남는다. 서로가 서로에게 애틋했기에 사랑의 농도가 더욱 진해진 것이다.

그러나 지금의 우리는 서로가 서로에게 과잉 연결된 시대를 살고 있다. 인스타그램과 카카오톡 등을 통해 우리는 서로와 24시간 연결되어 있다. 그럼에도 결핍은 역설적으로 더 심화되어 있다. 그러니 결핍된 각자는 또 다른 각자에게 과잉된 메시지를 쉽게 남발한다. 마음을 표현하는 방법이 간편해짐에 따라 오히려 진정성을 담는 고민의 과정은 생략되고 있다. 하지만 무분별하게 쏟아지는 진심이라는 탈을 쓴 소음은 절대 상대에게 닿을 수 없다. 마음을 얻고자 한다면 먼저 상대에게 자신에 대해 생각할 시간과 거리를 제공해야 한다. 존재를 드러내는 것보다 상대에게 나의 잔상을 남기는 데 더 많은 신경을 써야 한다. 진심을 전달하기 위한 숙고의 시간과 상대방의 입장을 헤아리는 배려가 필요하다. 온전히 유혹하기 전까지는 자신의 표현과 표정을 통제해야 한다. 상대가 자신을 궁금해하고, 답을 찾으려 고민하고, 마침내는 선택할 여유를 가지도록.

유혹하고자 하는 대상이 당신에게 사소한 감정적 투자도 하지 않는 경우도 있을 것이다. 그럴 경우 단념해야 한다. 그와의 관계가 지속적으로 이어질 가능성은 매우 희박하다. 호감을 애정으로 돌리는 것은 분명 가능한 일이지만, 호감도 궁금증도 없는 사람을 유혹하는 것은 불가능에 가깝다. 그 과정에서 우리가 얻게 되는 것은 감정 낭비와 무력감뿐이다. 자신의 감정을 귀하게 여기는 습관을 들여야 한다. 허물어져 버릴 시간과 감정을 아껴 자기계발에 투자해야 한다. 무엇을 해야 할지 모르겠다면 몸부터 가꾸는 것이 좋다. 상황이 바뀌면 관계의 질도 바뀐다. 모두 알고 있지만 직시하기 힘든 명제다. 그럼에도 받아들여야 한다. 그래야 성장할 수 있다.

유혹의 심화 단계:
신뢰와 안정감

사랑은 약속이며,

한번 주어지면 결코 잊을 수도 사라지지도 않는 선물이다.

— 존 레논 John Lennon

긴장감 조성과 감정적 투자가 발생하여 유혹의 첫 불씨가 일어났다면, 이제 당신은 이 유혹의 불씨를 꺼뜨릴 것인지, 아니면 이 불씨에 기름을 부어 더 강하게 유지할 것인지 판단해야 한다. 서로에게 이끌려 관계가 급속도로 진전되었지만, 상대의 품성이 자신이 기대했던 바와 완전히 다를 수도 있다. 반대로 기대치를 충족하거나 그 이상이라면, 이제 어떻게 이 관계를 지속할 건지가 관건이 된다. 이때 서로가 서로에게 줄 수 있는 가장 큰 선물은 안정감이다.

인류학자 헬렌 피셔Helen E. Fisher의 말에 따르면, 사랑은 열정적 사랑으로 시작되어서 동반자적 사랑으로 끝난다.[14] 그리고 열정적 사랑의 유효기간은 최대 일 년 반이다. 열정적 사랑의 불쏘시개 역할을 하는 건 단연 도파민이다. 도파민의 작용 없이는 애초에 유혹 자체가 성립되지 않는다. 그러나 동반자적 사랑을 관장하는 것은 '현재 지향형 화학물질'로 꼽히는 세로토닌Serotonin, 옥시토신Oxytocin, 엔도르핀Endorphin, 바소프레신Vasopressin이다. 미래에 대해 기대하게 하는 도파민과 달리, 현재 지향형 화학물질은 현실에 안정감을 느끼고 만족하게 만든다.

동반자적 사랑으로 접어들게 되면 이미 많은 시간을 들여 막대한 양의 감정적 투자를 마친 상태이니, 우리의 긍정회로는 '당신은 이미 찾을 수 있는 최선의 파트너를 찾았으니 그 이상의 탐색을 중지하고 현재에 만족하라'며 도파민을 잠재운다. 열정적 사랑의 단계에서는 끊임없이 상대와의 장밋빛 미래를 그리며 기대를 부추기지만, 동반자적 사랑의 단계에서는 현재의 사랑이 주는 포만감을 느끼는 감각을 기르게 된다.

한 실험에서 수컷 들쥐에게 현재 지향형 화학물질인 바소프레신 분비를 촉진하는 유전자를 이식하자, 들쥐는 암컷이 아무리 많아도 오직 한 암컷만을 바라보는 사랑꾼으로 변모했다. 바소프레신이 동반자적 사랑으로의 진입을 더욱 가속화했기 때문이다. 그러나 바소프레신과 옥시토신은 성욕을 부추기는 테스토스테론Testosterone의 분비를 억제한다. 그래서 열정적 사랑에서 동반자적 사랑으로 넘어가면 커플의 잠자리 빈도는 자연히 줄어들게 된다. 나이가 들어감에 따라 육체적 쾌락 대신 정서적 포만감이 주는 행복의 맛을 알아가는 것이다.

우리 삶에서 감정적 투자가 최고조로 진행되는 관계는 단연 부부 관계와 부모 자식 관계다. 엄마는 10개월 동안 한몸으로 자식을 품으며 생전 해보지 않았던 막대한 양의 감정적 투자를 지속한다. 그리고 20년간 자녀를 양육하며 세상에 존재하는 모든 희로애락의 감정을 느낀다. 그동안 살아온 인생과 비슷한 시간 동안 자식에게 온전한 사랑을 끊임없이 투입한다. 자식에게 사랑을 베푸는 부모로서의 자기 모습이 곧 정체성이 되어버리는 것이다. 매일 자신의 생각 절반 이상을 자식으로 채우고, 바다처럼 깊고 넓은 감정적 투자가 이미 이뤄졌기에 자식을 잃는 것은 상상조차 할 수 없다. 자식을 잘 키우는 것 자체가 인생의 가장 큰 목표가 되어버린다.

부부 관계도 마찬가지다. 결혼의 의미는 평생 함께할 사람의 선택이다. 결혼식장에서 신랑과 신부는 평생 함께할 것을 가족과 친구들 앞에서 약속한다. 이런 제도적 관습을 통해 부부로서의 역할과 책임감이 부여된다. 도파민의 영향을 거세게 받는 인간이지만, 동시에 현재 지향형 화학물질의 지배도 받으며 평생 자신을 지지해줄 한 명의 상대를 선택하는 것이다. 육체적 매력과 능력은 시간이 지날수록 퇴화되어 가지만, 둘이 느끼는 정서적 포만감은 시간과 감정적 투자에 비례해서 증가한다. 이것이 정서적 행복의 관점에서 결혼이라는 제도가 갖는 의의다. 이런 관계에서는 어떠한 상황 변화에도 서로가 서로를 지지해줄 것이라고 신뢰한다. 그렇기에 신뢰가 무너지면 결혼 생활이 파국을 맞이하는 것이다.

유혹의 초기 단계에서 관계의 지속을 위해 가장 중요한 점은 상대가 매력을 느꼈던 그 자질들을 변함 없이 계속 제공할 수 있다는 신뢰를 주는 것이다. 세상과 삶을 바라보는 긍정적 태도에서 매력을 느꼈던 상대가 급작스럽게 우울과 불안의 덫에 빠져 허우적대고 있다면, 감정적 투자가 더 일어나기 전에 그와의 단절을 택할 것이다. 상대의 헌신에 매력을 느꼈던 누군가는 그의 외도에, 상대의 경제적 능력에 끌렸던 누군가는 그의 파산에 단절을 고할 것이다. 그러니 관계를 지속적으로 발전시켜나가고 싶다면 상대에게 매력으로 작용했던 자신의 강점들이 장기간 지속될 것이라는 안정감을 주어야 한다. 그래야만 동반자적 사랑으로 진입할 수 있다.

실제로 자신이 가진 매력들이 장기간 유지될 수 있는지는 자신도 상대도 모르기에, 정작 중요한 것은 그럴 것 같다는 느낌을 주는 것이다. 그러기 위해선 진실되게 행동하고, 거짓말을 하지 않아야 한다. 거짓말은 그 실체가 드러나는 순간 그간 쌓아온 안정감을 일순간에 무너뜨린다. 또 그동안 봐왔던 매력적인 자질들이 모두 거짓일 수도 있다는 회의를 끊임없이 불러일으킨다. 그래서 시간이 흘러도 유혹의 초기 단계와 똑같이, 아니면 적어도 비슷하게 행동하는 태도를 보일 필요가 있다. 그래야만 상대에게 당신의 감정적 투자가 매몰 비용이 되지 않을 거라는 확신을 줄 수 있다.

긴장감과 안정감이라는 두 가지 요소가 모두 충족될 때, 우리는 마침내 동반자적 관계에 진입하게 된다. 동반자적 관계에 진입했다면 이미 거대한 감정적 투자가 이루어진 상황이기에 손실과 상실감을 지극히 두려워하는 인간은 자신의 선택과 투자를 끊임없이 긍정하게 된다. 상대가 보여준 매력적인 자질들이 허구였거나 오래 지속하지 못했더라도, 정서적 포만감만 충족된다면 그런대로 감내하며 살아갈 수 있다. 중년 부부 사이에 유행하는 말처럼 미워도 내 편인 것이다. 그럼에도 동반자적 사랑의 단계에서도 열정적 사랑을 할 수 있는 이상적인 관계에 대한 바람은 많은 사람에게 남아 있다. 이 둘 모두를 충족시키는 관계가 곧 유혹의 극치라 불릴 만하다.

유혹의 극치:
동반 성장

두 사람의 영혼에 있어

말할 수 없는 고요한 기억 속에서 하나가 되어 서로를 강화하고,

서로 함께한다고 느끼는 것보다 더 대단한 일이 뭐가 있을까?

— 조지 엘리엇 George Eliot

정서적 포만감을 느끼면서 동시에 손에 잡히지 않는 것
에 대한 갈망을 자극받을 때가 있다. 바로 자신이 애정을 쏟
은 상대가 성장할 때다. 방탄소년단의 예를 보면 알겠지만
자신이 좋아해 마지않던 아이돌이 전 세계적 스타로 성장할

때, 많은 사람은 그들에게 더욱 빠지고, 자신이 그들 우월성의 일부가 된 것처럼 뿌듯함을 느낀다. 안정감을 제공해준 상대가 계속 더 성장해 우월해진다면 우리는 그가 손에 잡힐 듯 잡히지 않는 긴장감을 느낄 것이다. 동반자적 관계임에도 우리 뇌를 거세게 휘젓는 도파민의 자극까지 받는 것이다. 그리고 결국 자신의 판단이 옳았다는 점에서 자존감까지 고양된다. 그러므로 자신이 감정을 쏟아붓고 지속적으로 신뢰감을 준 상대가 성장하는 것이 바로 유혹의 극치라고 할 수 있다.

당신이 열정은 있지만 가난한 무명 배우와 연애를 시작했다고 상상해보자. 그는 경제적 능력은 없지만 헌신적이었고 순수했다. 이 모습을 지속적으로 보여주는 그에게 끌렸고 동반자적 사랑에 진입하게 됐다. 그런 그가 오랜 무명 시절을 끝내고 대한민국에서 제일 잘나가는 배우가 되어 상을 받기 위해 멋진 수트를 입고 무대 위로 당차게 걸어나간다. 그런 그의 모습을 보며 자신이 알던 그가 맞는지 긴장감을 느낀다. 세상이 주목하는 가운데 그가 입을 떼며 말한다. "사랑하는 아내에게 이 상을 바칩니다." 그는 역시 자신이 아는 헌신적인 남편이 맞았다. 이로써 당신은 뿌듯함과 안도감을 동시에 느낀다. 그의 성장에 뿌듯함을 느끼고, 자신의 판단이 옳았음에 안도감을 느끼며, 이로써 자신의 향상욕도 충족된다. 이 한 장면에 당신이 느낄 수 있는 모든 본질적인 감정들이 자극받는 것이다.

이렇듯 헌신과 성장 두 가지 모습을 동시에 보여주는 것이 바로 유혹의 정수다. 한 사람이 일방적으로 보여주는 것이 아니라 서로가 서로에게 이런 모습을 보여줄 수 있다면, 그 유혹의 강도는 배가된다. 평생토록 서로에게 자극받으며 서로를 향한 존경심을 키워나간다. 이 둘의 유대는 어떠한 칼로도 벨 수 없을 만큼 단단해지고 두꺼워진다. 서로의 행보에 서로가 응원을 해주는 평생의 내 편이 된다.

생텍쥐페리Antoine de Saint Exupery는 아내 콘수엘로Consuelo de Saint Exupery의 마음을 돌리기 위해 『어린 왕자』를 집필했다. 어린 왕자의 머플러와 머리 스타일은 콘수엘로의 모습을 표현한 것이며, 작품 속 어린 왕자와 여우의 대화 역시 콘수엘로와 나누고 싶었던 대화를 표현한 것이었다. 그런 그는 사랑은 서로 마주 보는 것이 아니라 둘이서 같은 방향을 바라보는 것이라고 말했다.

존 레논John Lennon은 늘 예술가 여성을 만나 사랑에 빠지는 것을 꿈꾸어 왔다. 파트너와 서로의 예술성을 공유할 수 있길 바랐는데, 설치미술가 오노 요코Ono Yoko가 바로 그런 여자였다. 같은 예술적 방향을 공유하는 것이 주는 쾌감은 그를 사랑의 노예로 만들었다. 서로에게 온전히 유혹당한 것이다. 그는 요코와의 관계보다 중요한 것은 없다고 줄곧 말했다. 존과 요코는 호텔 방에 기자들을 초대한 뒤 침대 위에서 반전 시위를 하고, 실험적인 음반을 낸 후 알몸으로 사진을 찍어 커버로 삼는 등의 기행을 일삼았다. 팬들은 요코가 비틀즈 해체의 단초를 제공했다며 그녀를 비난했다. 존 레논은 자신이 가진 명성을 포기할 만큼 요코에게 강하게 매료되었다.

두 사람은 예술적 향상에 대한 갈망을 공유했고, 이로써 안정과 열정을 동시에 느낄 수 있는 관계가 되었다. 앞서 향상욕은 인간의 본질이며 이는 도파민의 작용으로 이루어진다고 말한 바 있다. 우월성 추구에 대한 욕망을 공유하는 것만큼이나 둘 사이를 가깝게 하는 장치는 없다. 원하는 방향으로 발전하고 있기에 도파민은 한껏 자극받고, 동시에 함께 걷고 있기에 안정감과 유대감을 불러일으키는 현재 지향형 화학물질 또한 발산된다.

마약의 기본 작동 원리 역시 욕구계 화학물질과 현재

지향형 화학물질을 동시에 자극하는 것이다. 욕구와 만족이 동시다발적으로 이루어지며 우리의 뇌는 마비된 것만 같은 극심한 쾌락에 빠져 허우적댄다. 열정적 사랑의 단계에서는 도파민의 작용이 우세하고, 동반자적 사랑의 단계에서는 옥시토신, 바소프레신과 같은 현재 지향형 화학물질의 작용이 우세하다. 그러나 두 사람이 한 가지 향상욕을 공유하고 함께 성장해 간다면 이 둘이 합쳐지는 현상이 나타난다. 유혹의 밀도가 극대화되는 것이다. 이런 동반 성장이야말로 유혹의 극치라고 할 수 있다.

제안하기 두려움 없이

커뮤니케이션의 기법 중 '더블 바인드Double Bind'라는 질 문법이 있다. 직역하자면 '이중 구속'으로 상대의 거절을 봉 쇄하기 위한 전략이다. 이 질문법은 협상에서 주로 쓰이며, 상대의 승낙을 전제 조건으로 삼은 채 질문하는 기술이다. 인간은 기본적으로 어떠한 프레임을 제시하면 그 프레임 안 에서만 사고하는 경향이 있다. 말기 암 환자에게 위험 부담 이 있는 수술을 권한다고 하자. 이때 "이 수술을 받게 되면 살 확률이 30%입니다"라는 말 대신 "이 수술을 받게 되면 죽을 확률이 70%입니다"라는 말을 들은 환자는 수술을 거절할 가능성이 더 높다. 이는 실제 실험을 통해서도 입증되었다. 같은 내용이더라도 표현 방식에 따라 다른 반응이 나타날 수 있는 것이다. 그래서 더블 바인드를 주로 사용하는 협상가는 누군가와 약속을 잡을 때 거절할 확률을 최소화하기 위해 이런 식으로 질문한다. "주중에 보는 게 편하세요, 아니면 주말에 보는 게 편하세요?" 이 질문의 핵심은 약속을 거절하는 선택지가 없다는 점이다. 그리고 상대방의 견해를 물어본다는 점에서 짐짓 배려 깊은 성격으로 보이기까지 한다.

일단 두 가지 선택지가 제시되면 사람은 반사적으로 주어진 선택지 안에서 고민하게 된다. 이를 통해 만남이라는 궁극적인 목표로 상대를 자연스레 이끌 수 있다. "주말에 미술관 가는 걸 선호하세요, 아니면 영화 보러 가는 게 좋으세요?" 혹은 "저녁 식사 전에 통화할래요, 아니면 식사 후에 통화할래요?" 등의 질문도 마찬가지다. 심지어 답하는 사람들은 자신이 직접 선택했다고 착각하기에, 그들에게 통제감이라는 선물까지 안겨주는 격이다. 자신이 직접 선택했다고 믿을수록 약속의 이행 확률도 높아진다. 그리고 질문자는 이런 식의 질문을 하나하나 쌓아감으로써 자신이 원하는 목표 지점으로 거부감 없이 상대를 이동시킨다.

"주중에 보는 게 편하세요, 주말에 보는 게 편하세요?" 부터 시작해서 "영화 보러 가는 게 좋을까요, 미술관이 좋을까요?", "가볍게 맥주 한잔하시겠어요, 아니면 안주 잘하는 선술집을 아는데 거기서 소주 한 병 마실까요?", "산이 있는 펜션이 좋으세요, 아니면 바다가 보이는 휴양지가 좋으세요?"까지 도달하게 되는 것이다. 적절한 제안을 통해 상대와 가까워지고자 하는 목적을 달성할 수 있다. 이때 중요한 건 상황과 맥락이 이질적이지 않은 선택지를 연속적으로 제안하는 것이다. 의도가 드러나는 순간, 상대는 통제감을 잃고, 오히려 제안하는 사람을 경계할 것이기 때문이다.

정보와 자극이 과잉된 세상에서 살아가는 우리는 무언가를 끊임없이 제안받는 것에 너무도 익숙해져 있다. 이를 잘 알기에 능력 있는 리더는 이래라저래라 명령하는 대신, 끊임없이 무언가를 제안한다. 이미 제안받는 것에 익숙해져 있는 사람들은 리더의 제안에 별생각 없이 응한다. 리더는 수많은 제안 경험을 통해 적시에 상대에게 필요한 것을 제안하는 능력을 더욱 발전시킨다. 그들이 하는 제안 역시 더없이 정교해지고 동시에 과감해진다.

그렇게 그들은 다양한 관계 속에서도 원하는 바를 빠른

시간 안에 이루어낸다. 타인에게 어떤 것을 제안하는 능력은 스트레스를 줄이고, 목적지에 빨리 이를 수 있게 하는 핵심 자질이다. 만약 당신이 제안받는 입장에만 익숙해져 있는 상태라면, 처음엔 선뜻 무언가를 제안하는 것이 어색하게 느껴질 것이다. 그럼에도 제안하기는 유혹하기만큼이나 원하는 삶을 살기 위한 필수 자질이니, 반드시 이 능력을 갖출 필요가 있다.

약속 장소를 정할 때 "A와 B 중에 어디가 더 마음에 드세요?"라는 간단한 질문부터 시작하는 것도 괜찮다. 예를 들어 "요즘 유행하는 마라탕 좋아하세요? 자극적이라 부담되시면 나베 종류도 괜찮을 것 같은데 어떠세요?"라고 물어볼 수 있다. 또는 "날씨가 더워서 목이 텁텁한데 시원한 에이드 마실까요?"라고 물어볼 수도 있다. 상황과 맥락에 맞는 제안을 한다면, 상대는 이를 질문자의 센스로 받아들일 것이다. 이런 과정이 쌓일수록 상대가 원하는 것을 알아보는 안목과 자신의 의견을 개진하는 논리력은 향상된다.

제안의 목적은 상대가 원하는 바와 내가 원하는 것의 교집합을 재빠르게 찾아내, 결국 내가 원하는 것을 관철하는 것이다. 그러니 우리는 먼저 욕망의 교집합을 찾는 법을 배워야 한다. 그렇게 합리적으로 양쪽 모두를 하나씩 만족시켜 나가야 한다. 끌려다니는 사람이 많은 사회일수록 능숙하게 제안할 줄 아는 사람들의 관계력은 더 향상되고, 이들이 가진 사회적 역량도 더 부각될 수밖에 없다.

제안을 잘하는 사람이
삶의 만족도도 높다

나 역시 제안하는 것보다는 제안받는 것이 익숙한 사람이었다. 그러면서 무언가를 주체적으로 제안해 자신에게 유리한 상황을 만드는 이들을 보며 선망을 품어왔다. 이런 과정에서 몇 가지 알게 된 사실이 있다.

제안이 힘든 첫 번째 이유는 자신이 원하는 바가 명료하지 않기 때문이다. 억압받는 환경에서 자란 시간이 긴 사람일수록 자신이 가진 내면의 욕구가 분명하지 않은 경향이 있다. 그리고 그 욕구가 비대해져 머릿속을 맴돌 즈음에야 비로소 입 밖으로 낸다. 그 과정에서 불만족은 계속 쌓여만

간다. 제안이 익숙한 사람의 공통점은 자신의 작은 욕구라도 기민하게 파악하고 이를 세련된 언어로 표현할 줄 아는 사회성이 발달했다는 점이다. 이러한 수준까지 도달하는 데는 짧게는 몇 달, 익숙하지 않으면 몇 년의 시간이 걸린다. 그럼에도 제안하는 연습은 해볼 만한 가치가 있다. 삶의 만족도는 결국 자신의 욕망이 뭐가 되었든 이를 얼마나 실현하는가에 달려 있기 때문이다.

도서를 출간하기 전 표지 디자인을 완성해야 하는 단계에 있다고 생각해보자. 작가 입장에서 다른 건 다 괜찮은데, 그 책의 디자인이 마음에 들지 않는다. 그런 상황이라면 먼저 이렇게 제안할 수 있다. "제가 내일 성수동에 갈 일이 있는데, 잠깐 커피 한잔할 시간 있으세요? 저녁 약속이라 시간은 제가 맞추겠습니다." 시간을 맞춘다는 작가의 말에 만남을 거절한 편집자는 많지 않을 것이다. 그리고 카페 안에서 사담을 이어가다 편집자에게 말한다. "그런데 편집자님, 다름 아니라 제가 디자인에 대해서 남들보다 조금 예민한 편이어서요. 제가 서점을 돌다가 (휴대폰을 보여주며) 이런 유형의 표지를 봤는데 시각적으로 자극이 되고 확 끌리더라고요. 저희 책도 콘텐츠는 이미 훌륭하다고 생각하니 디자인도 이렇게 획기적으로 접근해보는 건 어떨까요?"

의견을 제시할 때 중요한 점은 상대의 자존심을 자극하지 않는 것이다. 예시문에서 화자는 출판사가 디자인 역량이 부족하다고 표현한 것이 아니라, 자신이 디자인에 예민하다는 식으로 말해 상대의 심리적 저항선을 피해갔다. 그리고 새로운 대안에 대한 명확한 가이드라인을 제시함으로써 욕구하는 지점까지 다가갈 수 있도록 자연스럽게 유도했다. 이런 식으로 자신이 원하는 바를 정확히 밝히고 이 방향으로 이끄는 것이 원하지 않는 책 표지가 나와 불만족하는 것보다 훨씬 낫다. 제안하는 습관은 관계를 자신의 호흡대로 이끌어 감으로써 마음이 곪는 것을 미연에 방지해준다.

살다 보면 친구와의 관계를 유지하고 싶지만 일에 치여 만남을 뒤로 미루고 싶을 때가 있다. 마음의 여유가 없는 조급한 상태에서 친구를 만나기보다 심적으로 편안한 상태에서 약속을 잡는 것이 관계에서도 이득이다. 그러나 대다수 사람은 약속을 거절하지 못하고 억지로라도 자리에 나온다. 원하는 바를 전달하는 것에 익숙하지 않기 때문이다. 그럴 때면 차라리 이런 식으로 한번 질문해보자.

"요즘 새로 들어간 프로젝트에 집중하느라 정신이 없

네. 우리 이번 주 말고 다음 주에 맛있는 거 먹을까? 저번에 한남동 갔다가 퓨전 한식 요릿집 오픈한 것 봤는데 다녀온 사람들 말로는 괜찮다고 하더라고. 너도 요즘 회사일 때문에 기운 없어 보이던데, 오랜만에 맛있는 거 실컷 먹으면서 밀린 이야기나 좀 하자. 너 이야기 궁금해. 예약은 내가 해놓을 게."

약속을 미루고자 하는 것은 나지만, 오히려 친구가 배려받는다는 느낌을 갖게 될 것이다. 마음이 불편한 상태에서 만나는 것보다는 이렇게 더 나은 제안을 함으로써 서로 만족할 만한 자리를 만들 수 있다. 거절이 거절이 아니라 새로운 제안으로 표현될 수 있는 것이다.

대부분 사람은 자신이 원하는 바가 있어도 쉽게 표현하지 못하고 머뭇거린다. 그냥 참고 적당히 불만족스럽게 살아간다. 이번 책을 집필하면서 사회성이 뛰어난 사람들의 면모를 관찰했는데, 내가 발견한 가장 큰 공통점은 그들 모두 제안을 잘한다는 사실이었다. 그들은 제안으로 자신을 방어하기도 하고, 제안으로 비즈니스를 성공적으로 이끌어가기도 했다. 또한, 관계에서도 원하는 방향으로 주도하기에 전반적인 삶의 만족도 또한 높았다.

자신이 원하는 바를 차근차근 실현해나가는 것은 중요한 능력이고, 이는 체화된 습관에서 비롯된다. 안정 애착 성향을 발전시킨 사람들의 특징이기도 하다. 그들은 자신을 존중함으로써 타인도 존중한다. 자아존중감이 높기에 자신의 욕구를 외면하지 않고, 동시에 타인의 욕구 또한 존중한다. 그렇기에 그들 자신은 의식하지 못하지만, 습관적으로 자신의 욕구와 타인의 욕구의 교집합을 찾으려 노력한다.

반면 머뭇거리는 데 익숙한 사람들은 계속 머뭇거리며 살아간다. 불만족은 매 순간 축적된다. 원하는 바가 뚜렷하게 없는 사람일지라도 싫어하는 것은 분명히 있다. 이런 것 역시 제안을 통해 방어할 수 있다. 그러니 아주 간단한 제안이라도 자신 있게 해보는 습관을 들여보자. 생각보다 많은 사람이 자신의 제안에 응하는 것에 놀랄 것이고, 이러한 제안을 통해 당신 삶의 질이 올라가는 것에 놀랄 것이다.

성공적인 제안의 방정식:
맥락과 배려

설득의 기술 중 하나로 이른바 '예스 세트'라는 것이 있다. 먼저 상대방이 부정하기 힘든 쉬운 질문을 빠른 속도로 던져 간편하게 상대방의 승낙을 얻는다. 세 번 정도 이 과정을 반복한 후 제안하고 싶은 진짜 질문을 던지는 것이다. 상대방은 이미 세 번 연달아 긍정 답변을 내놓았기에 네 번째 질문에도 반사적으로 긍정 답변을 내놓을 확률이 높아진다.

술자리 게임에서 자주 하는 '탕수육 게임'이란 것이 있다. 내가 '탕'이라고 대답하면 상대는 '수', 그리고 나는 '육'을 말해야 한다. 매우 빠른 속도로 각 한 글자씩을 내뱉어야 하는데, 몇 초 지나지 않아 누군가는 상대방의 말을 따라 하게 된다. '탕', '탕' 혹은 '수', '수' 이런 식이다. 인간의 인지 능력에는 관성이 있어 생각하던 대로 생각하는 경향이 있다. 자각하지 않으면 무의식적으로 상대를 따라 하는 것이다. 예스 세트 전략도 마찬가지다. 이미 예스를 자신의 입으로 세 번 뱉어놓은 상황이기에 특별한 주의를 기울이지 않으면, 또 질문 내용이 크게 부담스럽지 않으면, 자동적으로 예스라고 대답하는 것이다. 이를테면 이런 식이다.

A: 오늘 날씨 춥죠? 어제까지만 해도 괜찮았는데.

B: 네. 정말 그러네요. (YES)

A: 날씨가 추울 때는 국물 음식 생각나지 않아요?

B: 네, 그렇죠. 아무래도. (YES)

A: 국물 음식 중에 어떤 것 좋아해요? 나베 아니면 찌개, 쌀국수?

B: 음…, 다 좋긴 한데. 나베도 괜찮죠. (YES)

A: 그래요? 저도 국물 요리 중에는 나베 제일 좋아하는데.
 좀 칼칼한 것도 좋아해요? 나가사키 나베 같은..

B: 네, 전 안 가려요. 다 좋아해요. (YES)

A: 다행이다. 저번에 이 근처 일식집에서 나가사키 나베 먹었는데

깔끔하고 괜찮더라고요. 나중에 기회 되면 같이 갈까요? 식사 전

이시면 지금 잠깐 먹고 가도 좋고요.

B: 그럴까요? (YES)

짧은 대화문 속에도 B는 많은 긍정 답변을 내놓았다. 짧은 시간에 리듬감 있게 예스로 답했기에 마지막 질문에도 높은 확률로 예스라고 답할 것이다. 예스 세트의 본질은 리듬감에 있다. 상황에 적합한 질문을 연속적으로 던져 리듬을 형성한 것이다. 제안하기에 앞서 처한 상황과 대화의 맥락부터 살피고, 우호적인 분위기가 형성되었을 때 진짜 제안을 한다. 그래야 긍정 답변을 받을 확률이 올라간다.

영업 전문가들 역시 본격적인 제안에 앞서 신변잡기적 잡담과 스몰토크로 대화의 온도를 서서히 높여간다. 그리고 때를 기다렸다가 우호적인 분위기가 무르익을 때 본론으로 넘어간다. 처음부터 느닷없이 본론부터 꺼내면 상대의 거부감을 불러일으키기 때문이다. 반대로 대화의 온도가 올라간 상태에서 본론을 꺼내면 상대는 대개 전보다 우호적인 반응을 보인다. 예를 들어보자.

A: 따님이 수험생이라고 하셨죠. 공부는 잘하고 있어요? 한창 힘들 땐데.

B: 어휴, 모르겠어요. 한다고는 하는데 뭐 잘되겠지.

A: 저도 지금 서른이 넘었는데도 가끔 수험생 때가 생각나더라고요. 돌이켜보면 다 추억인데 그때는 많이 힘들죠. 압박감도 있을 테고. 맛있는 거는 종종 사주세요?

B: 그래도 가능하면 주말마다 외식하려고 해요. 그거라도 해줘야죠, 뭐.

A: 여기 사거리에 패밀리 레스토랑 새로 생긴 데 가보셨어요? 거기 여자친구랑 갔었는데 엄청 맛있어 하더라고요. 아마 따님분도 좋아하실 거 같아요.

B: 이번 주말에 거기나 한번 데리고 가볼까?

A: 네, 가끔 분위기 내는 것도 나쁘지 않죠.

B: 그래. 그래야겠네. 근데 준서 씨 여자 친구 있었어?

A: 네, 뭐 얼마 안 됐습니다.

B: 그래? 축하할 일이네.

A: 하하, 감사합니다.

B: 뭐, 선물이라도 해줘야 하나?

A: 아니에요. 이렇게 귀한 시간 내주신 것만 해도 저는 이미 선물

받았습니다.

B: 준서 씨는 말을 참 예쁘게 한단 말이야.

A: 이제 연애 사업은 잘되고 있으니 제 사업도 잘되면 더할 나위 없을 것 같네요. 그래서 말인데 혹시 계약 한번 생각해보셨나요?

위의 영업사원은 처음부터 자신의 목적을 내비치지 않고 상대의 표정이 풀어지고 자신에 대한 경계가 풀어질 때까지 기다렸다. 그리고 자연스럽고 능청스럽게 본론을 이야기했다. 이렇듯 우리는 스몰토크를 통해 자신에게 유리한 맥락을 스스로 만들어낼 수 있다. 주의해야 할 점은 자신에게 우호적인 분위기가 형성되기 전까지 까다로운 제안을 절제하는 것이다.

이야기의 초입 단계에서 이미 상대가 자신에게 편안함을 느낀다면 이런 스몰토크는 생략해도 좋다. 제안에 앞서 우리가 먼저 키워야 하는 것은 상대가 어느 정도 선까지 제안을 받아들일지를 파악하는 안목이다. 높은 연봉을 받는 전문 협상가들의 주요 자질은 현란한 심리학적 기술에 있다기보다 자신의 제안이 어디까지 먹힐지 정확하게 파악하는 '측정 능력'에 있다.

그리고 성공적인 제안을 위한 또 한 가지 필수요소는 바로 배려다. 제안을 통해 궁극적으로 달성하고자 하는 바는 관계에서 자신에게 유리하게 유도하는 것이지만, 그 과정에서 상대방이 원하는 바도 어느 정도 충족되어야 상대의 반감을 억제할 수 있다. 설령 그렇지 않더라도 상대의 입장에서도 생각해보았다는 뉘앙스를 풍겨야 한다.

인간은 배려에 취약하며, 베푸는 배려에 되레 책임감을 느끼는 경향이 있다. 상대의 입장을 고려하지 않고 계속 제안만 한다면 이기적인 사람으로 낙인찍히기 쉽다. 더블 바인드 기술처럼 선택지를 제공하는 것도 상대의 선택의 폭을 넓히기 위한 배려다. 그리고 그 선택지의 내용은 반드시 상대가 관심을 가지거나, 적어도 거부감을 일으키지 않을 내용이어야 한다.

배려로 연출된 제안의 예를 살펴보자.

〈인재 영입〉

A: 수현 씨, 요즘 일은 할 만해? 표정이 안 좋네.

B: 저야 뭐 그렇죠. 매일 똑같아요.

A: 나도 회사 생활 10년 했잖아. 그게 참 힘들어. 뭔가 나는 할 수 있

는 일이 더 많은데 루틴한 업무만 처리하다 보면 하루 반나절이 가 있잖아.

B: 그렇죠. 전화하고, 기안문 올리고. 매일 반복적으로 하는 일이 너무 많죠.

A: 그렇지. 그래서 나도 일찍 퇴사하고 사업을 시작했어. 아깝다. 수현 씨가 창의적인 사람인 거 내가 잘 아는데.

B: 그런가요? 좋게 봐주셔서 고마워요. 대표님은 회사 잘 운영하고 계시죠?

A: 나 잘되고 있지. 너무 잘되고 있어서 사람이 부족하네.

B: 다행이네요. 사람이라.

A: 딱 수현 씨처럼 자기 일에 책임감 강하고, 기획력 있는 사람이면 좋겠는데.

B: 대표님, 스카우트 제의하시는 거예요?

A: 부정은 못 하겠네. 지금 회사에 브랜드 마케터랑 콘텐츠 마케터가 필요해. 수현 씨가 지금보다는 일을 더 재미있게 할 수 있을 거야. 루틴한 업무도 경영지원팀에서 대부분 소화해주니까. 당연히 연봉도 높여줄 거고.

B: 음…. 그렇게 말씀하시니 고민되네요.

A: 급한 사람은 나지. 수현 씨가 아니니까. 충분히 고민해봐요. 지금

직장은 안정적이라는 장점이 있지만 우리 회사는 계속 성장 중
이니까. 그게 줄 수 있는 메리트도 분명 있을 거야. 직원들 연령
층도 낮고.

B: 일단 저한테 이런 제안 주셔서 감사하네요.

A: 나도 수현 씨가 부담 없이 들어줘서 고맙지.

B: 진지하게 한번 고민해볼게요.

A: 응. 긍정적으로 한번 검토해봐. 좋은 소식이면 더 기쁠 것 같다.

〈술자리 거절〉

A: 창욱아, 이번 주 토요일에 한잔하기로 한 거 잊지 않았지?

B: 응. 당연하지. 너 요즘 몸은 좀 어때?

A: 그냥 그렇지. 시른 넘어기니 예전 같지 않네. 너는?

B: 나도 그렇지. 아침에 일어나는 게 왜 이렇게 힘드냐.

A: 우리도 나이를 먹긴 먹었나 보다.

B: 너 이제 새신랑인데 몸 관리해야지, 안 그래?

A: 그치….

B: 그럼 토요일에 우리 맨날 먹던 것처럼 소주 먹지 말고 좀 다른
거 먹어보자. 서로 건강도 챙길 겸.

A: 어떤 거?

B: 한남동에 미국식 바비큐 전문점 새로 생겼는데 괜찮아 보이더라고. 거기서 간만에 고기 실컷 먹으면서 체력 충전하면 어떨까? 술은 수제 맥주로 간단히.

A: 오, 괜찮아 보이네. 우리 고기 먹은 지도 오래됐네.

B: 응, 그래서 같이 가면 좋겠다 싶더라고. 너만 괜찮으면 내가 예약할게.

A: 그래, 고맙다. 창욱아.

위의 예시문을 보면 알 수 있듯 두 제안의 명분은 상대방의 입장에서 나왔다. '인재 영입'과 '술자리 거절'이라는 목적이 있었지만, 제안의 맥락은 어디까지나 상대방의 입장을 고려한 것처럼 보인다. 인간은 누구나 인정에 대한 욕구가 있다. 그리고 언제나 자기 자신을 이해받고 싶어 하는 본능이 있다. 제안에 앞서 상대방의 입장을 고려했다는 사실 자체를 상대는 배려로 인식하게 된다. 이에 따라 자연히 호의적인 감정을 품게 된다.

나 또한 이런 식의 제안을 습관화한 뒤부터 욕구가 명료한 것은 내 쪽이지만 오히려 상대가 큰 감동을 받는 상황을 많이 겪었다. 그러니 당신도 이것만큼은 꼭 기억하길 바란다. 제안은 당신의 삶을 윤택하게 만들어줄 엄청난 무기다. 그리고 제안은 상대방의 입장에서 얼마나 깊이 생각했느냐에 따라 성패가 갈린다.

독

관
계
의

열등감의 근원

열등감은 기본적으로 자신의 향상욕이 좌절될 때 발생한다. 무언가 어떻게든 우월해지고 싶으나 그 방법이 마땅치가 않을 때, 그리고 자신의 향상욕을 타인이 충족하고 있는 것을 바라볼 때 인간은 열등감을 느낀다. 지지대가 불명확할수록 타인과 자신을 비교하고, 그 서열 안에서 자신의 지지대를 마련하고자 한다.

2011년도 행복지수 세계 1위였던 부탄은 2019년도 조사에서 95위로 곤두박질쳤다. 그 이유를 알아보니 인터넷과 SNS의 발달로 자신과 다른 나라의 환경을 비교하기 시작하면서 전반적인 행복감이 떨어진 것이다. SNS가 발달하기 전에는 그저 물리적으로 가까이에 있는 주변 사람들과 비교하고 말았지만, 지금은 그 범위가 무한히 확장되었다. SNS는 기본적으로 자신의 일상 속 가장 빛나는 순간을 기록하고 알리기 위한 용도로 사용되지만, 사람들은 그 빛나는 순간을 그 사람의 일상으로 일반화해 인식하기에 상대적으로 자신의 상황이 초라해 보이게 된다.

특히 경제적 능력에 따라 그 서열이 뚜렷하게 나뉘는데, 그 서열이 너무 투명하게 잘 보이니 바로 이 돈을 기준으로 상대와 나를 적나라하게 비교하는 것이다. 나와 같은 또래지만 100만 유튜버가 되어 월 수억 원을 버는 사람, 주식, 부동산, 코인 등에 투자해 큰돈 벌었다는 사람, 스마트스토어를 비롯한 사업으로 대박 난 사람 등이 여기저기에서 보인다. 지금의 내 상황과 자연스레 비교가 되며 마음이 불편해지는데, 이런 감정이 바로 열등감인 셈이다.

그리고 이 열등감을 공략해 월 1000만 원, 월 2000만 원 수익을 벌게 해준다는 온라인 특강들이 넘쳐난다. 돈에 대한 열등감이 도처에 깔려 있기에, 돈을 버는 방법을 가르쳐주는 시장 자체가 그야말로 돈 되는 사업이 되어버린 것이다. 일부 강사는 자신이 직접 사업으로 돈 번 경험은 빈약하지만, 화려한 언변과 특유의 자신감으로 강연이 잘 팔려 경제적 자유를 이룰 정도다. 그러니 삶의 만족도를 높이기 위해서는 내 안의 열등감을 어떻게 다룰 것인지 진지하게 고민해봐야 한다. 상투적인 말로 들릴 수 있겠으나 가장 먼저 해야 할 일은 비교 대상을 타인이 아니라 과거의 자신으로 돌리는 것이다. 현재 내 상황이 어떻든 나보다 객관적으로 처지가 나은 사람은 수없이 많다. 이를 보며 감정 소모를 하자면 끝이 없다. 하지만 과거의 자신보다 성장한 현재의 자신, 그리고 미래의 자신이 기대된다면, 삶의 전반적인 만족도는 높아질 수 있다.

미국의 심리학자 앵거스 캠벨Angus Campbell은 무엇이 사람들을 행복하게 하는지 알고 싶었다. 그가 1981년에 출간한 책 『미국인의 행복감The Sense of Well-being in America』에 따르면 여러 무리 중 분명 더 행복한 사람들이 있었는데 그들은 소득으로도, 지리적으로도, 교육으로도 하나로 묶이지 않았다. 각각의 무리 중에는 만성적으로 불행한 사람 역시 너무 많았기 때문이다. 수년에 걸친 조사 끝에 캠벨은 이렇게 결론 내렸다. "우리가 고려해온 어떤 객관적인 생활 조건보다, 내 삶을 내 뜻대로 살고 있다는 강력한 느낌이 행복이라는 긍정적 감정의 가장 믿을 만한 예측 변수였다."[15]

괴짜 경제학자로 유명한 스티븐 레빗Steven Levitt은 한 가지 실험을 했다. 커리어 전환이 고민되는 이들에게 인터넷에서 디지털 동전을 던져 앞면이 나오면 커리어를 바꾸고, 뒷면이 나오면 계속 다니기로 약속했다. 2,000명이 동전을 던졌는데, 여기서 흥미로운 사실은 동전을 던져 직업을 바꾼 대다수가 전보다 더 행복해졌다는 것이다. 주체적으로 선택해 무언가를 바꾸었다는 것 자체가 큰 고양감을 주었고, 그것이 그들을 행복하게 만든 것이다. 결국 행복의 비결은 자신이 자신의 인생을 바꿀 수 있다고 믿고 행동하는 데 달려 있었다.[16]

그렇다고 열등감이 나쁘기만 한 것은 아니다. 타인에 대한 질시에서 그치는 것이 아니라, 자신의 부족함을 깨닫고 이를 보완하기 위한 노력으로 이어진다면 열등감은 부정적 감정이 아닌 건강한 성장을 위한 원동력으로 작용하게 된다. 지인 중 한 명은 아무리 바쁜 와중에도 웨이트 트레이닝을 거르지 않는다. 그는 어린 시절 왜소한 몸이 콤플렉스였고, 이를 극복하기 위해 웨이트 트레이닝에 입문했다. 지금의 그는 과거의 모습을 찾아보기 힘들 만큼 거대한 몸을 갖고 있다.

모든 시대를 통틀어 전 세계에서 가장 유명한 동화 작가인 안데르센Hans Christian Andersen은 '덴마크의 오랑우탄'으로 불릴 정도로 추남이었다. 외모 때문에 누구에게도 사랑받지 못한 것은 물론, 어린 시절부터 가난했고 교육도 제대로 받지 못해 평생 극심한 콤플렉스에 시달렸다. 하지만 그는 자신의 콤플렉스를 이야기로 승화한 「미운 오리 새끼」 같은 작품을 써내는 등 일평생 글쓰기에 몰두해 세계적인 동화 작가가 되었다.[17]

이렇듯 스스로 열등감을 인지하고, 이를 극복하기 위한 의지와 적극적 태도만 있다면 열등감은 삶의 원동력이자 무기가 된다. 그래서 아들러도 "열등감은 연약한 인간에게 자연이 준 축복이다"라고 말할 정도로 열등감을 성장의 원료가 되는 긍정적인 감정으로 여겼다. 대신 성장의 원료가 되지 못하고 타인과 자신을 할퀴는 감정을 '열등 콤플렉스'로 이름 붙여 긍정적인 열등감과 구분했다.[18] 여기에서 우리가 깨달아야 할 가장 중요한 사실은 나라는 존재를 포용하고 열등감을 성장의 원료로 쓰지 않으면, 자신의 부정적 감정이 타인에게 고스란히 전가될 수 있다는 점이다.

열등감에 사로잡혀 성공한 타인의 결점을 찾으려는 시도만큼이나 무의미한 것이 없다. 그의 성공과 지위가 터무니없는 것이거나, 설령 그가 지나친 과시욕으로 주위에 위화감을 조성한다 해도 마찬가지다. 그가 이룬 성공의 허구성을 주위에 납득시키는 데 성공한다 해도 우리가 얻을 수 있는 실익은 없다. 오히려 그 과정에서 내뱉은 부정적인 말들이 자신의 무의식에 각인되어 일상의 기분을 헤칠 뿐이다.

열등감을 다룰 때 우리가 가져야 할 태도는 자신의 열등감이 타인에게 전가되지 않고 자기 성장의 연료로만 사용될 수 있도록 하는 것이다. 반대로 타인의 열등감이 나 자신에게 전가되지 않도록 미리 조심할 필요도 있다. 타인이 가진 향상욕을 파악할 수 있다면, 그가 가진 열등감의 근원 역시 쉽게 알아차릴 수 있다. 그걸 알았다면 타인의 열등감을 자극하는 언행은 자제해야 한다. 학력 콤플렉스가 있는 사람에겐 자신의 배움을 자랑하지 않으며, 자신의 경제적 상황이 불만족스러운 사람에겐 돈 이야기를 조심해야 한다. 또 외모 콤플렉스가 있는 사람에겐 외모에 관한 언급은 자제하고, 중년의 상사에겐 자신의 젊음을 과시하지 않아야 한다. 타인의 열등감을 자극하지 않는 것은 곧 자신을 방어하는 기술이기도 하다.

사람은 누구나 자신의 열등감이 자극되면 숨어 있던 방어기제가 발동한다. 그리고 자신의 방어기제를 발동하게 한 사람 자체를 부정적으로 인식한다. 자신의 경제적 상황이 마음에 들지 않는 사람은 동창회에 나가지 않게 된다. 타인이 의도하든 의도하지 않았든 그곳에서 자신의 열등감이 자극되어 기분이 상할 것이 분명하기 때문이다. 상대에게 부정적 감정을 촉발하지 않고, 우호적 감정을 공유하는 것이 건강한 인간관계의 핵심이다. 그래서 타인의 부정적 감정에 전염되지 않도록 열등감을 유발하는 영역에 대한 언급 자체를 자제해야 하는 것이다.

칭찬으로 하는 말도 조심해야 한다. 그 이야기를 화두에 올리는 것 자체만으로 부정적 감정을 유발할 수 있기 때문이다. 심리학에서는 함께 레저 스포츠를 즐기거나, 달리기를 하거나, 복작복작한 밤거리를 함께 쏘다닐 때 같이 있는 상대에 대한 호감이 증가한다는 연구가 있다. 심장을 뛰게 한 것은 환경인데, 무의식은 이를 곁에 있는 사람에 대한 호감으로 착각하는 것이다. 열등감도 마찬가지다. 의도하지 않았더라도 일단 열등감이라는 감정이 수면 위로 떠오르면, 무의식은 이 부정적 감정을 들게 만든 상대를 탓하게 된다. 오롯이 자기 내면의 문제임에도 상대의 문제로 인식해, 극단적인 경우 그 사람 자체를 회피하거나 공격하게 된다. 그러니 타인과 좋은 관계를 맺고 싶다면 자신의 열등감이 밖으로 새는 것을 막고, 동시에 타인의 열등감이 자신에게 새어 들어오는 것을 경계해야 한다.

열등감의 반응 유형

열등감은 크게 네 가지 유형으로 표출된다. 첫 번째는 앞서 살펴본 바와 같이 자기 성장의 원료로 사용하는 것이다. 이것이 가장 건강한 방법이다. 자신의 부족한 점을 깨닫고 이 부분을 보완하여 과거의 나보다 발전된 나로 거듭나는 것이다.

두 번째는 '소극적 공격 반응'이다. 예를 들어 회사 동료 중 누군가가 재테크로 큰 부자가 됐다는 소식을 접했을 때, 그가 해온 투자 공부, 과감한 시도, 그의 안목 등은 생략한 채 그저 "운이 좋았네"라는 한마디로 그의 성취를 평가절하하는 행동 양식을 보인다. 그의 성과가 운이 아니라 노력이었다면 그간 나태하게 시간을 흘려보낸 자신의 부족한 모습이 부각되기 때문이다. 혹은 "저렇게까지 해야 하나?"라고 주변 사람들에게 동의를 구하며 노력 자체를 열등한 것으로 취급하기도 한다. 또한, 여러 장점이 있음에도 그 안에 숨어 있는 단점 하나를 굳이 발굴해내는 행동 양식도 소극적 공격 반응에 해당한다. 굉장히 매력적인 외모의 소유자가 있다면, "다 예쁜데 키가 좀 작네"라는 식으로 장점을 희석해 그와의 격차를 줄이려고 시도한다.

무명작가가 쓴 책이 갑자기 베스트셀러가 됐다면, 누군가는 "요즘 제일 잘나가는 아이돌이 추천하다니 운도 좋아"라는 식으로 작가의 노력이나 책의 완성도 등은 못 본 체하는 것이다. 한 사람의 소극적 공격 반응은 큰 위해가 되지 못하지만, 이런 여론이 집단으로 번지면 아무리 평판이 좋았던 사람이라도 일순간에 오만한 사람으로 평가받을 수 있다. 조직에서 성과가 제일 좋던 사람이 수많은 자잘한 공격 반응으로 무너져버리는 경우도 제법 많다. 그래서 마키아벨리는 『군주론』에서 언제나 타인에게 미움을 사지 말라고 당부한 것이다.

소극적 공격 반응으로부터 자신을 지키기 위한 최선은 겸손이다. 자신의 우월함에 대해 누군가가 과민 반응한다면, 자신이 먼저 운이 좋았다고 언급하거나 아직 많이 부족한 사람이라고 답하는 식이다. 이러한 방식으로 공격의 구실을 미리 차단할 수 있다. 그래서 사회성이 뛰어난 사람들은 유독 "운이 좋았습니다"라는 말을 자주 한다. 당연히 운이 작용한 요소도 있겠지만, 그보다는 자신의 위치와 현재 상황을 객관적으로 파악하고 자신을 지키는 방법을 본능적으로 터득한 결과로 나오는 반응이다.

세 번째는 '회피 반응'이다. 나 역시 첫 책이 출간되기 전까지 사람들과의 만남을 꺼렸다. 내가 글을 쓰기 시작했다는 것을 아는 사람들은 이를 화두로 삼을 것이 분명했기 때문이고, 아직 책이 나오지 않은 상황에서는 내가 부정적인 감정에 사로잡힐 것이 뻔히 보였기 때문이다. 취업에 실패한 청년이 명절날 고향에 내려가기 싫은 것 또한 같은 심리다. 회피 반응을 보이는 상대는 나에게 큰 위해가 되지 않는다. 다만 그 상대가 내가 인간적으로 호감을 가졌던 사람이라면, 그의 열등감을 자극해 소중한 관계를 잃을 위험이 있다. 그러니 이들을 대할 때는 그들이 스스로 떳떳해질 때까지 기다려주어야 한다.

네 번째는 '적극적 공격 반응'으로, 우리가 가장 유의해야 할 반응 유형이다. 이들은 대개 지배적 성향이 강하며, 자신의 심리적 위안을 위해 끊임없이 상대를 깎아내릴 기회를 엿보고 실제로 이를 행동으로 옮긴다. 우리는 이러한 사람들과의 접점을 최소화해야 한다. 이들과 갈등할수록 그들의 열패감은 더욱 짙어지기 때문이다. 정당하고 받아 마땅한 비난이라 하더라도, 그들은 비난받을수록 공격 반응에 더 열중할 것이다. 그렇지 않으면 자신의 존재 자체가 부정당하는 기분이 들기 때문이다. 집요한 공격 끝에 상대의 단점을 들추는 데 성공했다면 결국 자신이 옳았다고 자위하며 일시적으로나마 열등감을 해소한다. 그런 심리 상태이니 그들에겐 공격이 곧 신념인 셈이다.

이러한 적극적 공격 반응은 대개 행동력이 있고 자신에게 프라이드가 강한 사람들에게서 주로 발견된다. 아인슈타인Albert Einstein조차 자신의 상대성 이론과 충돌하는 양자역학이라는 학문이 등장하자, "신은 주사위 놀음을 하지 않는다"라며 노년의 많은 시간을 양자역학을 비판하는 데 썼다.

에디슨Thomas Alva Edison 역시 중년의 나이에 적극적 공격 반응으로 그동안 쌓아 올린 평판을 심각하게 헤쳤다. 라이벌 니콜라 테슬라Nikola Tesla에 대한 경쟁심 때문이다. 그는 한때 에디슨의 부하 직원이었고 에디슨에 대한 존경심도 갖고 있었다. 그는 직접 에디슨에게 교류 전력 시스템을 제안하기도 했다. 그러나 자신이 천재이고 자신이 내놓은 결과물이 항상 최고라고 생각한 에디슨은 니콜라의 새로운 발견을 받아들이지 않았고, 오히려 그의 교류 전력 시스템을 적극적으로 비난했다. 감전사 가능성이 높아 위험하다는 게 그 이유였다. 이를 증명하기 위해 코끼리를 비롯한 온갖 동물을 교류 전력으로 감전사시켰고, 심지어는 뉴욕 교도소 당국에 교류 전기 처형을 제안해 실행에 옮기기도 했다. 하지만 그의 모든 공격은 결과적으로 교류 전력 시스템의 우월함을 증명할 뿐이었다. 당시 그들과 가까웠던 전기작가들에 따르면 1915년 에디슨과 테슬라는 상대와 공동 수상하지 않겠다는 이유로 노벨물리학상 수상까지 거부했다. 이처럼 그 분야 최고의 권위자라 하더라도 기존의 평가와 관계없이 적극적 공격 반응은 불시에 일어날 수 있다.

자신의 신념과 사고의 결과물로 온 세상이 환호할수록 아집에 빠질 위험은 증가한다. 그리고 그들은 이미 부와 명예, 권력을 다 가졌기에 상대를 공격할 능력까지 충분히 갖춘 상태다. 그러니 자신이 이룬 업적이 조금이라도 부정 받는다는 느낌이 들면 그들은 바로 행동에 옮긴다. 평범한 사람이라면 후환이 두렵기에, 대개 열등감이 자극받더라도 소극적 공격 반응으로 그친다. 그러나 이미 세상이 전부 자기편이라고 굳게 믿고 있는 사람은 마음에 들지 않는 상대를 끌어내리기 위해 적극적으로 공격하는 쪽을 택한다. 그래서 이러한 적극적 공격 반응은 위대하다고 평가받는 학자, 뛰어난 성과를 이룬 기업가, 유명한 운동선수나 연예인에게서 주로 나타난다. 상위 계급에 속한 사람들이 상대적 하위 계급에 속한 상대가 두각을 나타낼 때 그를 억압하고 공격해 기회를 박탈하는 것이다.

회사라는 공간에서도 적극적 공격 반응을 보이는 쪽은 대개 연차가 오래되거나 직급이 높은 사람이다. 그들은 자신의 평판에 예민하고, 손쉽게 여론을 움직일 능력도 갖추고 있다. 자신에 대한 프라이드 자체는 나무랄 게 없다. 프라이드를 지키기 위해 노력하는 것 역시 개인의 성장에 도움이 되는 좋은 자질이다. 그러나 그 프라이드를 지키기 위해 타인을 적극적으로 공격하는 것은 완전히 다른 문제다. 그러니 타인을 폄하하는 것을 서슴지 않는 누군가와 마주하게 된다면 그와의 접점을 최소화하는 것이 좋다. 괜한 적개심을 드러내 상대에게 나를 괴롭혀도 된다는 명분을 줄 필요가 없다. 피하는 것이 최선의 선택이며, 만약 피할 수 없다면 더욱 각별히 겸손한 태도를 보여야 한다.

나 역시 반성할 부분이 많다. 나는 '똑똑하다'는 말에 대한 열등감에 오랜 기간 시달려왔다. 원하는 대학에 입학하지 못한 탓인지 사회가 매기는 서열에 과민 반응했다. 그래서 항상 똑똑하다는 말을 듣기 위해 애썼다. 그것이 내가 가진 열등감이었다. 그 열등감을 성장의 원료로 삼아 논리학책과 철학책을 읽었고, 말하기와 글쓰기 능력을 키우기 위해 부단히 노력했다. 그럼에도 소극적 공격 반응과 적극적 공격 반응의 덫을 완전히 피해 가진 못했다. 비슷한 또래의 동료가 내놓은 기획안을 애써 무시했고, 이것이 표정과 말로 새어나가기도 했다. 나의 열등감이 타인에게 전가되어 상대에게 상처를 준 것이다. 그러는 동안 많은 사람이 내게서 멀어져갔다. 내 열등감을 건강하게 처리하지 못한 나의 과오가 분명하다.

상대방을 인정하는 태도를 내재화하기까지 10년이 넘

는 시간이 걸렸다. 요즘은 무엇보다 상대를 존중한다는 인상을 주려고 많은 노력을 기울인다. 칭찬받는 일이 있더라도 "운이 좋았다"는 말과 "아직 많이 부족하다"는 말로 응한다. 나 자신을 지키는 법을 깨달은 것이다. 그럼에도 누군가가 "당신은 똑똑한 사람인가요?"라고 속마음을 물어보면, 나는 여전히 그렇다고 답할 것 같다. 그러나 똑똑함을 과시하거나 똑똑함이라는 기준으로 타인을 평가하지 않는다. 대신 스스로 납득할 때까지 더 많이 읽고 생각해 통찰력을 키우고, 그것을 정확한 언어로 표현하기 위해 노력한다. 아마 삶의 대부분의 시간을 여기에 쓰고 있을 것이다. 그러면 세상이 언젠가 나를 똑똑한 사람, 아니면 똑똑해지기 위해 노력했던 사람으로 기억해주지 않을까. 중요한 것은 과시와 질투가 아니라, 능력의 증명에 시간과 에너지를 쏟는 것이다.

커리어 컨설턴트로 일하면서 뛰어난 커리어를 가진 사람을 접할 기회가 많이 생겼고, 뛰어난 성취를 보인 수많은 인물에 대한 조사를 진행한 적도 있다. 나는 그들의 공통점을 찾고 싶었고, 몇 달의 고민 끝에 이렇게 결론 내렸다. '그들은 모두 저마다의 열등감을 갖고 있었고, 경쟁적인 동시에 예민했으며, 그럼에도 겸손해 보이기 위해 노력했다.'

그들은 열등감을 강하게 느낄수록 이를 자신을 채찍질하는 수단으로 사용했다. 그리고 자신의 우월성을 뼛속 깊이 자각하고 있음에도, 겸손해 보이기 위해 최선을 다했다. 나 역시 관계가 어느 정도 깊어진 후에야 그들의 겸손이 연출에 가깝다는 것을 알 수 있었다. 실제 품성이 겸손해서 겸손한 말과 행동을 했던 것이 아니라, 겸손이 자신을 지키는 가장 훌륭한 무기임을 알았기에 겸손하게 굴었던 것이다.

향상욕과 열등감은 동전의 양면처럼 언제나 함께 존재한다. 우리가 원한다고 해서 쉽게 없앨 수 있는 게 아니다. 그러니 우리는 이를 다루는 법을 배워야 한다. 함부로 드러내지 말고, 타인의 열등감도 자극하지 않는 것이 기본이다. 그것이 자신을 지키고 관계력을 강화하는 유일한 길이다.

타인의 방어기제만
키우는 비난

우리는 너무나 쉽게 타인을 비난한다. 스트레스 해소
차원이나 영향력 과시 차원에서 상대를 비난하기도 하지만,
소중한 관계라면 진정으로 그가 변하기를 바라며 비난할 때
도 있다. 그러나 어떤 경우라도 감정 소모만 될 뿐 비난으로
바꿀 수 있는 것은 거의 없다. 적극적 공격 반응으로부터 나
를 지키기 위해 예외적으로 비난이 유용할 때가 있지만, 대
개의 경우 일상적 비난을 삶에서 걷어내는 것이 관계는 물론
내 마음의 건강에도 좋다. 비난을 자주 입에 올릴수록 나의
몸과 마음도 어느새 부정적 감정에 물들기 때문이다.

『데일 카네기 인간관계론』에서도 비난을 멈추라는 이야기를 꽤 길게 다룬다. 인간은 모든 동물을 통틀어 전두엽이 가장 발달되어 있다. 전두엽은 우리가 항상 무언가에 대한 의미를 찾도록 유도한다. 그러한 본능적 의미 추구를 통해 인류는 학문과 문학을 꽃피울 수 있었다. 그런 전두엽이 가장 많이 하는 일 중 하나가 바로 자기 긍정이다. 자신이 정말 구제 불능이라고 생각하는 사람조차 사회가 부조리해서, 자신이 운이 나빠서 이렇게 되었다고 생각하며 결국 스스로를 긍정한다. 살인자 또한 자신이 유년기에 가정폭력에 시달렸다며, 혹은 자신은 사회가 낳은 괴물이라며 가족과 사회에 책임을 전가한다. 미국 최대 마피아 조직의 수장이자 1929년 성 밸런타인데이 학살의 배후이기도 한 알 카포네Al Capone는 죽기 전 이런 말을 남겼다. "나는 내 인생 최고의 세월을 사람들에게 더 가벼운 즐거움을 주고, 그들이 좋은 시간을 보낼 수 있도록 도와주며 보냈지만, 내가 받은 것은 비난뿐이다." 그는 죽을 때까지 자신을 긍정하며 숨을 거둔 것이다.

우리가 자아 긍정의 회로를 지속적으로 발전시킨 것은 그래야만 살 수 있기 때문이다. 자신이 태어나서는 안 될 존재라고, 사회에 피해만 주는 존재라고, 스스로 그런 삶을 자초했다고 생각한다면 두 발 딛고 살아갈 수 있을까. 아마 스스로 생을 마감하거나 정신병에 걸리지 않을까. 그러니 인간은 아무리 참담한 상황 속에서도 타인과 사회와 운에 책임을 돌리며 자신을 긍정한다.

자기 불구화Self-Handicapping라는 심리학 용어가 있다. 통상적으로 핸디캐핑은 운동 경기에서 수준이 다른 두 선수가 공정하게 경기하기 위해 규칙이나 점수 부여 방식을 변경하는 일을 말하는데, 심리학에서는 자신이 스스로 장애물을 설치해 시작부터 불리한 조건을 자처하는 것을 의미한다. 공정한 경쟁에서 실패하는 것이 두려워 도전 자체를 꺼리거나, 실패 원인을 미리 만들어놓는 것이다. 자기 불구화 현상의 근본 원인은 이성적 자아를 보호하기 위함이다. 다시 말해, 재능은 있지만 시도를 안 하는 상태를 유지함으로써 실패로부터 자신을 지키는 자기 긍정의 일종이다.

많은 사람이 자신의 불만족스러운 삶도 타인의 성과도 그 원인을 운에 돌림으로써 부정적인 감정을 해소하고자 한다. 성숙한 사람이라도 자신이 역량은 충분하지만 운이 따라주지 않았다며 자질이 있는 상태로 남고 싶어 한다. 하지만 출루율이 0퍼센트인 타자는 없다. 끊임없이 휘두르다 보면 언젠가는 배트의 중앙에 공이 닿는다. 시도하지 않으면 운이 있는지 없는지 확인조차 하지 못한다. 운에 대한 태도만큼은 스스로 설정할 수 있는 것이다.

그럼에도 사람들은 경기장 관중의 소음을 탓하며, 바람을 탓하며, 팀 동료들을 탓하며 자신을 보호한다. 배트를 끊임없이 휘두르지 못한 자신의 나태는 좀처럼 들여다보지 못한다. 그것이 고통스럽기 때문이다. 자기 긍정이 자신의 자존감을 지켜 포기하지 않고 배트를 휘두를 수 있는 희망이 된다면 더할 나위 없이 긍정적이겠으나, 실제로는 현재 상황에 그대로 머무르기 위한 변명으로 쓰일 때가 더 많다.

인간은 비난받는다고 해서 자기 긍정을 멈추지 않는다. 오히려 비난받을수록 자신을 지키기 위한 방어기제가 강해져 비난에는 비난으로 응수할 뿐이다. 비난으로 개선되고 성장하는 케이스는 극히 드물다. 대다수는 비난하는 상대의 허구성을 증명하기 위해 애쓰거나 온갖 핑계를 댄다. 비난의 비효율성을 인지해야 한다는 소리다. 당신이 비난받았을 때를 떠올려보라. 자신을 돌아보기보다 타인에 대한 적개심이 증가할 때가 많았을 것이다. 그러니 타인을 바꾸기 위해 비난을 일상화하고 있다면 당장 그 행동을 멈춰야 한다. 인간은 자신을 긍정하면서 살아갈 수밖에 없는 서글픈 존재이고, 그러니 비난을 받을수록 이에 대한 반작용으로 자신을 더욱 긍정할 것이기 때문이다.

다만 적극적 공격 반응을 보이는 누군가로부터 자신을 보호할 때는 비난을 잘 활용해야 한다. 비난은 상대의 영향력을 약화하기 위한 좋은 전략이 될 수 있다. 평소 비난을 잘 하지 않는 사람일수록 꼭 필요한 순간에 하는 비난의 힘이 그에 비례해 강해진다. 전략적 비난을 할 때 중요한 점은 비난으로 나를 보호할 수 있을 거라는 상황적 판단이 설 때까지 때를 기다리는 것이다. 힘이 없는 비난은 오히려 그의 적개심에 기름만 붓는 꼴이다. 상대는 자신을 긍정하며 공격의 명분도 정의롭다고 믿고 있을 것이다. 사소한 맞대응은 오히려 그의 행동을 부추길 좋은 핑계만 제공할 뿐이다. 어디까지나 자신의 지위와 상황이 심각하게 위협받지 않는다면 비난을 삼가는 것이 좋다. 비난은 관계의 독이다.

과시 대신 호기심

누군가 아무리 자신의 우월성을 입에 올린다 해도 타인은 이를 쉽게 인정해주지 않는다. 타인과의 격차를 최대한 줄여 자기 자신을 보호하는 식으로 사고하기 때문이다. 미끈한 물건을 만질 때도 우선 그것의 흠부터 찾는 것이 본성이다. 그렇게 꼼꼼히 살핀 후 누군가의 성과가 다면적으로 무결하며 또 압도적일 때 비로소 그를 인정한다. 그러나 그 단계까지 올라갈 수 있는 사람은 극소수에 불과하다. 스스로를 과시하는 일은 무위로 그칠 수밖에 없는 것이다. 그러니 나를 인정하는 주체는 누구도 아닌 나 자신이 되어야 한다.

흔히들 지금을 '자기 PR의 시대'라고 부른다. 얼핏 비슷해 보이지만 자기 PR과 과시는 엄연히 다르다. 과시의 목적은 자신의 우월성을 인정받는 것에 있다. 그래서 결핍이 많을수록 과시 성향이 도드라진다. 반면 자기 PR은 자신의 수행 능력을 논리적으로 상대에게 설득하는 과정이며, 그 목적은 일을 진척시키는 것에 있다. 내가 이러한 일을 할 수 있고, 이러한 경험 또한 충분하니 같이 무언가를 해보면 당신에게도 득이 될 수 있다고 주장하는 것이다. 그래서 과시는 주관적인 반면, 자기 PR은 객관적인 논리와 수치에 기반한다. 자신의 어필 포인트를 찾아 상대를 납득시키는 능력은 필수적이다. 하지만 자기 PR의 포커스는 일에 있을 뿐, 자신의 우월성을 인정받는 것에 있지 않다. 엄연히 별개의 영역인 것이다. 그래서 우리는 자신의 역량을 문서화하고 논리적으로 재조직하는 것에 익숙해질 필요가 있지만, 타인에게 인정을 갈구하는 자랑만큼은 절제해야 한다. 자신의 기대만큼 인정받지 못할 것이고, 오히려 상대가 내 결점을 찾도록 자극할 수 있기 때문이다.

상황을 극단적으로 악화시키는 것은 과시와 비난을 동시에 사용하는 것이다. 자신의 우월성을 과시하며 타인의 무능을 비난한다면, 대다수의 사람은 그를 표적으로 삼고 그의 허구성을 증명하기 위해 노력할 것이다. 상대에게 인정을 갈구하는 것은 인간관계의 열쇠를 타인에게 건네는 것과 같다. 하지만 타인은 자기 뒷주머니에 열쇠를 꽂아두고 열쇠가 있는지조차 잊어버릴 것이다. 그러는 사이 열쇠를 빼앗긴 나는 영원히 해답을 찾지 못한 채 채워지지 않는 갈증을 몸에 이고 살아갈 것이다.

그러니 이제는 내 일에 대한 상대의 반응이 아니라 스스로 일을 완결하는 것에서 재미를 찾아야 한다. 인간관계와 일은 떼려야 뗄 수 없는 관계다. 일을 통해 결핍을 채우지 못하면, 자꾸만 인간관계에서 바라는 것이 많아지기 때문이다. 주위를 조금만 둘러봐도 알 것이다. 자신이 하고 있는 일이 분명한 사람은 상대적으로 성공적인 관계를 맺는 반면, 그 반대의 경우에는 마음이 극심하게 요동치고, 불안이 많은 것을 알 수 있다.

인간관계가 불만족스럽다면, 열중하고 집중할 수 있는 일을 빨리 찾아야 한다. 하지만 우리는 일차원적 관계에 너무도 익숙해져 있다. 비우기 위한 노력은 좀처럼 하지 않는다. 비우는 과정이 주는 상실감을 견딜 용기가 없기 때문이다. 그래서 모든 것이 과잉되어 있는 듯 보인다. 모두 관계에서 자극을 받길 원하며 지나친 에너지를 쏟는다. 하지만 일차원적 노력보다 중요한 것은 비우기 위한 노력이다. 진심이라는 명목으로 노력을 쏟아붓고 타인을 압박하면 상대는 부담만 크게 느낀다. 인간관계는 삶을 지탱하는 중요한 요소지만, 힘을 쏠수록 망가지기도 쉽기 때문에 힘을 빼는 법을 알아야 한다. 그리고 결국 자기 자신을 온전히 이해하고, 오롯이 애정 어린 눈길로 바라볼 수 있는 사람은 자신뿐이라는 사실을 알아야 한다. 관계에 매달리고 타인의 인정에 목말랐던 나 역시 일을 완결하는 재미를 알고 관계를 비워내기 시작하면서 많은 고민이 저절로 풀렸다. 몇 달간 약속도 잡지 않고 고독히게 글을 쓰는 시간이 그런대로 행복하다는 것도 깨달았다.

인생은 결국 자신의 뇌로 계획하고, 자신의 발로 걸어나가는 100년의 긴 여정이다. 오르막길과 내리막길이 공존하며, 그 파동 속에서 우리의 전두엽은 이를 하나의 거대한 스토리로 완성한다. 여기서 인간관계는 하나의 풍경일 뿐이다. 풍경에 눈이 멀어 잠시 쉬어가기도 하지만, 결국 시간은 우리를 계속 걸어가라고 떠밀 것이다. 결국 생의 마지막 날 입

꼬리를 올리며 그 긴 이야기를 추억하기 위해서는 우리의 발이 어디로 향하는지를 자각하고, 외로움을 견디며 씩씩하게 걸어 나가야 한다. 성공적인 인간관계의 구체적이고 이상적인 모델은 존재하지 않는다. 각자의 상황과 경험과 성격이 다르기 때문이다. 그럼에도 한 가지 분명한 것은 비워야 한다는 사실이다. 기대를 비우고, 목적을 비우고, 자극에 대한 갈증을 내려놓아야 한다. 우리가 손에 쥐고 있어야 할 것은 타인에 대한 순수한 호기심뿐이다.

나약함 속의 강인함

심리학자 마틴 셀리그먼Martin Seligman은 셰퍼드들을 세 그룹으로 나누어 실험을 했다. 첫 번째 그룹은 셰퍼드를 전기 충격이 가해지는 곳에 가둔 뒤 전기 충격을 멈출 수 있는 레버를 설치해놓았다. 두 번째 그룹은 셰퍼드들을 똑같은 곳에 가두었지만 작동이 되지 않는 레버를 설치해놓았다. 어떤 방법으로도 전기 충격을 멈추게 할 수 없었던 것이다. 그리고 세 번째 그룹은 셰퍼드들을 전기 충격이 가해지지 않는 곳에 가두었다. 전기 충격이 가해지자 첫 번째 그룹의 셰퍼드들은 레버를 내려 스스로 전기를 멈추었다. 그러나 두 번째 그룹의 셰퍼드는 자신들이 레버를 당기는 것과 상관없이 계속해서 전기 충격을 받아야만 했다. 그리고 세 번째 그룹은 아무런 전기 충격도 받지 않았다.

이후 셰퍼드들을 한 마리씩 커다란 상자에 넣었다. 그 상자의 중간에는 낮은 칸막이가 설치되어 있었고 다른 한쪽에는 전기 충격이 가해지지 않도록 설정해놓았다. 이때 셰퍼드들이 있던 곳에 전기 충격을 가하자 첫 번째 그룹과 세 번째 그룹의 셰퍼드는 충격이 가해지자마자 칸막이를 뛰어넘어 안전지대로 피했으나, 두 번째 그룹의 셰퍼드는 가만히 앉아 전기를 맞으며 그저 고통스러워할 뿐이었다. 이른바 '학습된 무기력Learned Helplessness' 실험이다.[19]

두 번째 그룹의 셰퍼드는 자신이 레버를 돌려봤지만 전기를 멈출 수 없었기에 무기력을 학습한 것이다. 낮은 칸막이를 뛰어넘으면 전기를 피할 수 있었음에도 그 사소한 노력조차 하지 않은 것이다. 우리는 흔히 자신의 인생을 스스로 통제할 수 없다고 느낄 때 무기력해진다. 어차피 해봤자 별반 다를 것 없을 거라 생각하니 시도하기도 전에 겁부터 먹는 것이다. 인간이 가장 나약해지는 지점이다.

이렇게 나약해지면 누군가에게 의지하려고 한다. 또 위

로받고 동정받기를 원한다. 비슷한 상태의 둘이 만나면 서로 얼굴을 마주 보며 자신의 인생에 대해 한탄하는 이른바 '불행 배틀'이 펼쳐진다. 내면의 강인함 자체를 포기하기도 한다. 이러한 특징은 연속적으로 큰 불행을 겪은 사람에게 두드러지게 나타난다. 주체성, 자립성 등의 가치를 포기하고 한껏 나약한 모습으로 그런 자신을 위로해줄 누군가를 찾아 나선다. 운이 좋아 자신을 위로해주는 누군가와 닿을 때도 있지만, 알고 보면 사회성 좋은 상대의 습관적 호의일 뿐 나에 대한 진정한 공감은 결여되어 있는 경우가 많다. 그게 아니라면 나약해져 있는 상대를 자기 향상욕의 배출 통로로 이용하는 사람도 있다.

그러니 어떤 상황에서도 내면의 강인함을 포기하면 안된다. 말과 행동이 나약해 보이거나 표정이 비굴해지지 않도록 주의해야 한다. 이런 상황에서 자주 보이는 행동 양식 중하나가 바로 복종이다. 자격 없는 상대에게도 맹목적으로 충성을 맹세하고, 그들이 자기 인생의 중요한 부분을 차지하도록 그냥 내버려 둔다. 하지만 그렇게 하더라도 그들의 인생에 나라는 존재는 별 의미가 없다. 우리는 우월한 것에 끌리지, 나약한 것에 끌리지 않기 때문이다.

우리는 육체적, 지적, 사회적, 정서적 영역에서 자신보다 더 나은 것에 끌리고 그런 사람과의 관계를 통해 그의 일부를 섭취하고자 하는 본능을 지니고 있다. 그러니 적어도 열등해지진 않아야 한다. 남에게 기대하고, 의존하고, 지인을 앞세우는 행동은 나약함으로 인식돼 그 사람의 매력을 반감시킨다. 자신감 있고, 여유 있고, 상황에 휘둘리지 않고, 단단하게 보이도록 연습해야 한다. 그리고 그렇게 의식적으로 노력하다 보면 그런 모습이 내면화된다. 우리가 받는 동정과 위로의 상당 부분은 그 사람의 사회성이지 진정성이 아니다. 스스로가 자신의 마음을 덥히는 능력을 깨우쳐야 한다.

사회적, 경제적 지위가 비슷한 사람끼리 모인 공간에서도 우리는 누군가에게 끌린다. 그런 사람들은 정서적으로 우월한 경우가 많다. 감정이 자주 동요하지 않으며, 강인하면서도 친절하다. 그 역시 고독하고 나약한 인간이지만 그렇게 행동하는 것이 습관이 되어 강인한 사람으로 보이는 것이다. 이는 어떠한 상황에서도 그를 지켜주는 거대한 자산이 된다.

언제까지 위로와 공감을 받으려고만 할 것인가. 스스로 위로와 공감을 주는 사람이 될 순 없을까. 내면의 나약함은 좀 숨기고, 따뜻하고 순수한 호기심으로 타인을 바라보자.

위로는 받아도 받아도 부족하게 느껴지지만, 타인을 위로하고 타인과 공감할 수 있는 능력은 내면의 중요한 자산이 된다. 나에게 위로와 공감을 얻고 가는 사람이 많을수록 나는 더 높은 차원의 위로를 받게 된다. 자신이 건네는 위로와 공감은 부메랑처럼 돌아와 자기 내면의 든든한 지지대가 되어준다. 그리고 이들은 어떤 상황에서도 나를 지켜주는 든든한 지원군이 되어줄 것이다.

각자의 내면은 부러지기 쉬운 나뭇가지와 같지만, 이들이 모두 뭉친다면 이내 거대한 느티나무와 같은 단단한 힘을 낸다. 베푸는 마음은 금리가 높다. 이 글을 읽는 모든 사람이 생의 한순간이라도 이 아름다움을 경험해보기를 진심으로 바란다. 나약하더라도 강인해지기 위해 노력하며, 다른 나약한 누군가를 포용하는 사람이 되기를 바란다. 나도 그러기 위해 노력할 것이다.

9가지 조언

관계력 향상을 위한

1. 진심만으로 모든 것이 해결되지 않는다.

많은 사람이 기술적 분석이나 노력 없이 진심만으로 모든 것을 해결하려고 한다. 이성 관계에서도 그렇다. 그러나 보이지 않는 진심보다 중요한 건 그 진심이 어떻게 표현되는가이며, 그보다 중요한 건 상대가 나의 진심을 소화할 수 있을 타이밍을 알아보는 것이다. 사람마다 좋아하는 음식과 싫어하는 음식이 있는 것처럼 내 진심의 농도가 아무리 짙더라도 상대가 이를 소화하지 않으면 별 도리가 없다. 그렇다고 이러한 상황에 서글퍼할 필요는 없다. 결국 누군가는 내 진심을 소화해줄 거라 믿고 긍정적인 태도를 견지해야 한다.

사실 진심보다 확실한 것은 타인의 우월성을 섭취하고자 하는 욕구다. 진정성, 일관성, 정직함 등은 하나의 우월한 정서적 자질일 뿐 그것이 모든 것을 해결해주지는 않는다.

상대가 나의 진심을 알아보지 않는다고 느낄 때가 많을수록 그 에너지를 자신의 성장을 위해 써야 한다.

2. 상황이 바뀌면 성격도 관계도 바뀐다.

누군가가 성공했을 때 태도가 달라지면, 사람들은 '변했다'라는 한마디로 그를 비난한다. 그러나 상황에 따라 변하는 건 인간의 본능이다. 지갑 속 신용카드를 집에 두고 나오거나, 충전기가 없는 상태에서 핸드폰 배터리가 다 닳아간다면 초조해지는 게 당연한 것처럼 말이다. 재산, 명예, 권력, 나이, 커리어, 역할 등이 변하면 자연스레 성격도 태도도 관계도 변한다. 정서적 영역을 포함한 어느 특정 부분에서 우월해진다면 나의 우월성을 공유하고자 하는 사람도 동시에 늘어난다. 그 풍요로움이 여유 있고 자신감 있는 태도를 만든다.

그러니 상황이 어려울수록 원망하고, 비난하고, 분석하기보다 상황을 바꾸기 위해, 우월해지기 위해, 풍요로워지기 위해 행동해야 한다. 우리는 누구나 상황에 취약하다. 그러나 우리에겐 상황을 개선할 수 있는 힘이 있다. 되도록 자신을 현재보다 좋은 상황에 두기 위해 노력해야 한다. 인간관계의 모든 문제를 일시에 해결할 수 있는 이상적인 모델은 존재하지 않는다. 그것은 허구다. 관계력을 키우기 위한 핵심은 먼저 자신이 변화하는 것이다. 상황과 관계는 변화하는 자신을 자연스레 따라올 것이다.

3. 인간의 인정욕은 생각보다 크고 깊다.

회사 생활을 하다 보면 세상 모든 것에 초탈한 낚시꾼처럼 온화한 미소를 띠고 있는 중년의 상사를 종종 보게 된다. 욕심 하나 없어 보이지만, 알고 보면 그의 인정욕 역시 결코 적지 않다. 그저 사회성이 뛰어나 자신의 인정욕을 겉으로 드러내지 않을 뿐이다. 그의 내면에도 채워지지 않는 인정에 대한 갈망은 분명 존재한다. 혹은 그 초연함 자체를 인정받고 싶어 할 수도 있다.

실제로 대화를 나눌 때 과묵하고 무뚝뚝한 사람이 메신저로 이야기할 때는 굉장히 수다스러운 경우도 많다. SNS에 포스팅하는 글이나 사진에서는 자의식이 과잉되어 있는 듯한 모습도 자주 볼 수 있다. 조용해 보이는 그의 입에도 고여 있는 말이 많고, 누군가 자기 이야기를 들어주기를 바라고 자신의 존재를 인정해주기를 원한다. 매사에 온화하고 겸손한 사람은 타인들이 자신의 온화하고 겸손한 품성을 알아봐주길 원한다. 미숙한 사람들은 그런 그가 한없이 너그러우리라 생각하고 정제되지 않은 말들을 쉽게 내뱉는다. 인정욕이 없어 보이고 겸손해 보이는 사람 역시 누군가에게 부정적인 평가를 받는다면 그 말들이 가슴에 오래 남아 있고 그 말을 뱉은 사람에 대해 골몰할 것이다. 세상 누구나 자신을 둘러싼 평가에는 극히 예민하다. 긴장을 풀고 함부로 말해서는 안 된다.

4. 입보다 눈이 예민하다.

한 개인이 인생을 살다 보면 필연적으로 수백, 수천 사람들의 행동을 관찰하게 된다. 눈으로 담는 정보에 비해 입으로 표현되는 양은 극히 일부다. 그 사람의 말투가 어눌하고, 순박해 보인다고 해서 그 사람의 눈이 무딘 것은 아니다. 사람들은 어눌해 보이는 그의 모습에 편하고 투박한 말을 쉽게 던지지만, 그 때문에 그는 무시당한다는 느낌을 자주 받는다. 입보다는 눈이 열 배는 더 예민하다고 생각하자. 상대는 비교적 정확히 타인이 어떤 감정과 생각으로 자신을 대하는지 알아차린다. 이를 간과하고 그를 함부로 대한다면 추후 명분과 구실이 생겼을 때 자신을 하대한 타인에 대해 공격 반응을 보일 가능성이 높다. 호감을 사는 것보다 중요한 것은 미움을 사지 않는 것이다.

말을 제법 잘한다고 생각하는 나조차도 타인에게 내 의견을 충분히 전하지 못할 때가 많다. 그래서 글 쓰는 일을 업으로 삼았다. 하지만 주변 사람들은 내가 하는 말만 보고 내 역량을 가늠했다. 그들은 내가 인간관계에 관한 책을 쓴다고 했을 때, 의아한 반응을 보였다. 겉모습만 보고 나에 대한 이미지를 고착화한 것이다. 말은 생각을 담는 그릇임이 분명하지만, 그 그릇은 생각을 모두 담을 만큼 넓지 않다. 그러니 상대가 하는 말만 보고 상대의 생각이나 역량에 대해 속단하지 않아야 한다.

5. 나약함과 겸손함은 별개다.

'성격이 좋지 않아서', '게을러서', '꼼꼼한 성격이 아니라서'라는 식으로 자신의 결점을 쉽게 노출하는 사람들이 있다. 일종의 자기 불구화 현상으로 결점을 고칠 노력은 하지 않고, 그저 자존심의 상처를 미연에 방지하는 것만 신경 쓴다. 이는 자신의 결점에 대한 책임을 타인에게 전가하는 나약한 행동이다. 자신의 결점을 솔직함으로 포장해 스스럼 없이 노출하며 이해를 구하는 행동은 상대에게 불편감을 줄 뿐이다. 겸손함의 핵심은 자신의 역량보다 말과 행동을 축소해 스스로를 보호하는 것이지, 자신의 결점을 노출하는 것이 아니다. 인간은 나약함에 반감을 품는다. 그나마 기대할 수 있는 감정은 동정심이지만, 동정심은 호감과 다르다. 아니, 대부분 사람이 애당초 자신의 삶 또한 전투이기에 타인의 삶을 면밀히 들여다보고 동정할 심적 여유도 없다.

자신이 어려운 상황에 직면해 있으면 자신의 결핍을 말과 행동으로 드러내지 말고, 이 결점을 극복하기 위해 노력하는 태도로 정서적 우월성을 드러내야 한다. 그게 상대를 내 편으로 만드는 길이다. 누구나 열심히 노력하는 사람들을 도와주고 싶어 하고, 반대로 나태와 나약함을 혐오한다. 당신이 정말 열악한 환경에서 나태하게 지내는 사람과 상황을 타개하기 위해 노력하는 사람 중 누구를 돕고 싶어 하는 지를 자문해보면 답을 알 수 있을 것이다.

우리는 타인을 도울 때 대개 정서적 보상을 바란다. 자신의 선행이 초래할 결과를 상상하고 이를 통해 자신의 향상욕을 채우는 것이다. 인간은 누구나 손실 회피 성향을 갖고 있기에 자신의 선행이 어떠한 상황도 바꾸지 못하는 것을 견디지 못한다. 그래서 상황을 바꿀 수 있는 태도를 가진 이를 돕고 싶어 한다. 이는 사업과 투자에 있어서도 마찬가지다. 경제적으로 풍요로운 중년의 사업가가 청년 스타트업을 후원하는 이유 또한 자신에게 퇴색되어 가는 노력의 가치를 청년들을 통해 재발견하고, 이를 통해 정서적 만족감을 느끼고자 하는 것이다. 불만족이 심해질수록 우리의 노력 또한 깊고 진해져야 한다.

6. 마음이 변하는 것은 배신이 아니다.

인간의 마음은 상황과 시간의 변화에 따라 얄궂게도 쉽게 변한다. 애정도 변하고, 기호도 변한다. 변하지 않는 한 가지는 인간의 마음은 변한다는 사실이다. 상실감이 두려운 사람은 이 변화를 쉽게 납득하지 못하고, 과거의 끈을 붙잡고 상대를 원망하면서 세월을 보낸다. 그리고 끝내 마음이 어떻게 변하냐며 상대를 비난한다. 하지만 변화는 어쩔 수 없는 것이다. 친구와의 우정이 식을 수도 있고, 사랑하는 상대가 차갑게 돌아설 수도 있다. 그러니 우리는 이 변화에 익숙해지고 받아들이는 연습을 해야 한다. 그리고 집착하지 않아야 한다. 직장에서 누구보다 가깝게 지낸 동료가 퇴사하는 순간 완전 남이 되기도 한다. 사회생활을 하다 보면 저마다 가면을 쓴 채 역할극을 하고 있다고 느낄 때가 많다. 자신을 포함한 누구나 자신이 쓸 가면을 선택할 권리가 있는데, 타인의 선택에 과민 반응할 필요가 없다.

배신은 신뢰 관계를 이용해 상대를 착취하는 것이지, 단순한 변심과는 다르다. 10년을 알고 지낸 친구보다 3개월을 알게 된 친구와 더 가까워질 수도 있다. 그렇다고 해서 그가 오랜 우정을 배신한 것은 아니다. 사람의 마음은 간절함만으로 얻어지지 않을 때가 많다. 그 사람에 대한 생각을 많이 할수록 감정적 투자가 커지니 더욱 매달리게 되고, 그러니 관계 역학에서 힘을 잃는다. 떠나가는 타인의 마음에 인위적인 힘을 가하는 것보다 중요한 것은 나 스스로가 매력적인 선택지가 되도록, 그래서 상대가 오래도록 내 곁에 머물도록 노력하는 것이다.

가깝다고 생각했던 사람이 멀어지기도, 멀다고 생각했던 사람이 가까워지기도 한다. 가까운 사람이 멀어지는 과정을 지켜보는 것은 매번 가슴이 아프다. 그럼에도 우리는 이런 일을 빈번히 겪을 것이다. 피할 수 없는 사실이기에 그것에 익숙해지고 무뎌져야 한다. 우리가 할 수 있는 최선은 자신이 여전히 매력적인 사람으로 남을 수 있도록 스스로를 가꾸고, 더 나은 사람이 될 수 있도록 계속 성장하는 것이다.

7. 뒷담화는 본능이다.

수백만 년 전부터 인류는 부족 단위로 생활해왔다. 그들은 홀로 사는 것보다 더불어 사는 것이 생존에 유리하다는 걸 일찍이 터득한 것이다. 종족의 유지 측면에서 우리의 선조들은 종족 내 타인에 대한 정보를 공유하는 문화를 발전시켜 왔다. 누군가가 종족에 위해를 가할 만한 행동을 하거나 반역을 모색한다면 그를 응징하거나 추방해 종족을 보존해야 했다. 그래서 타인을 화두에 올려 대화를 이어가는 것은 성향이라기보다 본능에 가까운 것이다.

뒷담화는 말 그대로 당사자가 없는 상태에서 담화를 이어가는 행위를 말한다. 그리고 그 행위는 우리가 방지한다고 해서 쉽게 없어지지 않는다. 그러니 우리는 우리가 없는 자리에서 일어나는 뒷담화에 대해 예민하게 반응하기보다는 이 담화에 타격받지 않을 감정적 방어력을 키워야 한다. 뒷담화에 지나치게 신경 쓴다면 애꿎은 감정만 소비하고 하루의 기분만 망칠 뿐이다. 뒷담화는 언제까지고 이어질 것이고, 타인에 대한 정보는 실시간으로 업데이트되기에 건강한 자존감을 바탕으로 타인에게 친절한 행동을 이어간다면 나에 대한 평가도 언젠가 바뀌게 될 것이다. 물론 그 뒷담화가 실질적 위협으로 다가온다면 나에 대한 호의로 충만한 타인과 연대하여 이를 봉쇄해야 한다. 그러나 단순한 소음 정도의 뒷담화라면 이를 그저 자연스럽게 받아들이는 의연한 태도가 필요하다.

8. 개인에 대한 평가는 바뀐다.

옛 회사 동료 중에 '열정맨'이라고 불리던 사람이 있었다. 그는 필요 이상으로 지나치게 노력해 끊임없이 주변에 위화감을 조성했다. 그럼에도 그의 업무 수행 능력은 늘 기대 이하였다. 누군가는 멍청하다고 그를 평했다. 그를 좋아하는 사람은 회사에 거의 존재하지 않았다. 하지만 연차가 쌓이면서 그는 책을 읽고 자기계발에 몰두했다. 타인에 대한 배려의 중요성을 깨닫고 자신만의 처세술도 완성했다. 투입되는 지식의 양이 늘어남에 따라 업무 능력은 비약적으로 향상됐다. 넘치는 열정으로 타인의 업무를 보조했고, 주어진 업무 역시 깔끔하게 소화해내기 시작했다. 그의 평가는 몇 달이 지나지 않아 완전히 바뀌었다. 모두 그와 함께 점심을 먹고 싶어 했고 또 함께 일하고 싶어 했다. 그에 대한 평가가 바뀌자, 그가 사회초년생 때 저질렀던 실수들은 어느덧 웃으면서 이야기할 수 있는 안줏거리가 되었다. 이제 사람들은 그의 성장 서사에 주목했고, 그에 대해 호기심을 갖기 시작했다.

사람은 망각의 동물임과 동시에 다분히 현재 지향적 사고를 갖고 있다. 과거에 그가 나에게 적지 않은 피해를 주었더라도 진정으로 사과하고 피해 이상의 보답을 베풀면 한때 증오했던 사람이라도 다시금 기회를 준다. 그러니 현재 좋은 평가를 받지 않는 사람이라도 그를 무시하지 말아야 하고, 만약 자신이 지난날 과오를 저질렀다면 이를 덮기 위해 더욱 노력해야 한다. 앞에서 말했듯 사람의 마음은 변한다. 진정성 있는 사과와 보상이면 목석같던 사람의 마음도 돌릴 수 있다. 좋지 않은 평가를 받고 있다면 지레 겁먹고 포기하지 않아야 한다. 그와의 좋지 않던 과거도 서로 추억할 날이 올 거라 믿고 자신을 변화시켜야 한다.

9. 타인이 나를 어떻게 생각하는지는 정확히 알 수 없다.

우리는 모두 자기 초점적 주의를 갖고 있기에 타인이 우리를 어떻게 생각하는지 지독히도 궁금해한다. 그리고 상대에게 자신에 대해 어떻게 생각하냐고 물으며 답변을 재촉한다. 또한, 술자리에서 은근히 자신의 평판을 물어보기도 한다. 그러나 결론부터 얘기하면, 우리는 평생 그것을 제대로 알 수 없다. 사람에 대한 인식은 그날의 기분과 상황, 상대의 최근 행동과 표정, 말투에 따라 시시각각 변하며, 그에 대한 인상조차 사람마다 판이하다.

수다스러운 친구도 때로는 유쾌하게 느껴지기도, 때로는 유난스럽게 느껴지기도 한다. 그리고 사람이 사람을 판단하는 데에는 이해관계와 감정, 상황이 복잡하게 얽혀 있다. 관계의 풍요 속에 사는 사람일수록 매력적인 선택지가 많기에 상대에 대한 호감 역시 일정 기준에 미달하게 된다면 금세 식어버리고 만다. 그렇기에 이를 명료화된 언어로 표현되길 요구하는 시도는 대개 더 큰 오해를 부르기 십상이다.

사실 대부분의 경우 우리 머릿속에도 타인에 대한 인상은 흐릿하게 그려져 있으며, 따라서 이를 정확히 말로 표현하는 건 어려운 일이다. 소통 과정에서 왜곡과 오해가 빈번하게 발생할 수밖에 없다. 또한, 상대에 대한 안 좋은 인상이 있더라도 이를 그대로 표현하는 사람은 거의 없다. 우리 모두에게는 사회성이 있기 때문이다. 그 사람 앞에서는 본심이 아니더라도 대개 긍정적인 방향으로 이야기해줄 것이다. 그러니 이를 사실로 믿게 되면 더 큰 왜곡이 발생할 수 있다.

그래서 우리는 긍정적인 평가를 찾아 헤매는 고고학자가 아닌, 스스로 최선의 기준을 세우고 이를 지키기 위해 노력하는 행동가가 되어야 한다. 평가는 그런 다음 자연히 따라오는 것이다. 물론 그 평가가 어떨지는 정확하게 알 수 없더라도, 최선을 다했다면 자신감을 갖고 행동하면 된다. 그리고 이조차도 쉽게 변할 수 있기에 일관되게 노력해야 한다.

나오며

나를 용서하기 위한 반성문

나는 지난 시간의 대부분을 투쟁가로 살아오며 도처에 깔린 행복을 향유하지 못했다. 또 스스로를 우두머리라 생각하며 타인보다 우위에 서기 위해 많은 감정과 시간을 허비했었다. 그 결과는 고립이었다. 매 순간 나의 말을 하기 바빠 타인의 말을 듣지 못했다. 언제나 과잉되어 있었고 나의 양가애착 성향을 온 동네에 뿌리고 다녔다. 그래서 이 책은 그런 미숙했던 나에 대한 반성문과도 같다.

집에 여러 권의 성경책이 쌓여 있었지만 그 틈에서 리처드 도킨스Clinton Richard Dawkins의 진화론 책을 읽으며 종교적으로 방황했고, 자기 아들을 자랑하는 택시 기사와 이야기를 나누며 마주한 적 없는 부성을 그리워했다. 또 나의 무능력과 마주하는 순간 개선이 아닌 변명에 힘을 쏟았다. 그러던 와중 우연히 나의 도파민이 할 일을 찾았다. 그리고 그 순간부터 모든 관계에 대한 마찰이 일순간에 사라졌다. 사람들은 나를 친절한 사람, 성실한 사람으로 기억하고 입에 올리기 시작했다. '특이하다'는 말을 많이 듣던 별종에서 제법 괜찮은 사람으로 포장되어 있었다. 모든 것이 나의 과업을 찾으면서 관계에 대한 기대를 덜어냈기에 가능했던 일이다.

그래서 이제는 참 많이 괴롭고, 미성숙했던 나의 오랜 방황을 용서하기로 마음먹었다. 이 방황들이 없었다면 나는 글을 쓸 생각을 하지 못했을 것이다. 또 나의 시행착오와 반성과 용서의 결과로 쓴 이 글이 다른 사람들이 겪고 있는 괴로움의 일부라도 덜어준다면 더할 나위 없이 기쁠 것 같다. 그리고 이 책을 통해 세상에 흩뿌려질 불안정 애착의 총량이 조금이나마 줄어들면 좋겠다.

돌이켜보면, 나는 어른인 척 흉내는 냈지만 정말 어른다웠던 적은 별로 없었다. 반대로 20대 어린 나이부터 어른인 척 흉내를 내느라 청춘의 시기에 응당 누려야 할 낭만을 한순간도 누리지 못했다. 그래서 종종 껍데기만 남은 인간이라는 생각이 들 때가 있다. 그게 가장 아쉽다. 이 책을 통해 나의 낭만 없음이 또 다른 종류의 낭만으로 승화되길 바란다. 마치 진흙 속에서 피어나는 연꽃처럼 말이다. 퇴고 과정에서 이 책을 다시 한번 읽어보았는데, 내가 할 수 있는 이야기를 다 꺼내놓은 것 같아 홀가분한 기분이다.

뛰어난 저술가는 책이 곧 그의 인생에 대한 증명이라고 한다. 이 말을 기억하고 내가 먼저 책의 내용대로 살아가기 위해 평생 노력할 것이다. 사실 이 책에서 말하는 핵심 메시지는 간단하다. 사람들에게 친절하게 대하자. 차분해지자. 진정한 의미에서 나의 일을 찾음으로써 관계에 대한 기대를 덜어내자. 마음속 깊이 숨어 있는 불안정 애착을 걷어내자. 타인에게 내가 먼저 공감해주자. 유혹자로 살며 두려움 없이 제안하자.

한 실험에서는 피험자가 자기 생각을 말할 때 보상을 담당하는 측좌핵의 활동이 증가하는 것을 확인했다. 쉽게 말해 우리는 모두 자기 자신에 관해 이야기하는 것을 굉장히 좋아한다. 그러나 마음에 불안이 많은 사람은 타인을 자신의 보상을 위한 수단으로 삼는다. 나 역시도 그랬다. 그러나 지금의 나는 글을 쓰며 나의 생각을 표현함으로써 그 갈증을 해소하고 있다.

더 많이 들어줄수록 더 많은 사람이 곁에 남는다. 다들 그것을 좋아하기 때문이다. 그리고 내 곁에 있는 많은 사람과 그들이 만드는 내 평판이 나를 지켜주는 무기가 되어 나를 더 강하게 만들어 줄 것이다. 반대로 내면의 유약함은 미성숙한 표현으로 나타나고, 미성숙한 표현은 관계의 마찰로 이어질 것이다. 관계의 마찰을 자주 마주한다면 자신의 내면이 강한지부터 자문해보아야 한다.

밀도가 높은 쇳덩이는 외부의 공격에도 쉽사리 구부러지지 않는다. 이처럼 우리는 내력과 외력이 조화를 이루도록 스스로를 다스려야 한다. 그 내면의 단단함으로 이 글을 읽는 모든 사람이 인생의 각기 다른 궤도를 차분하게 걸어 나갈 수 있기를 바란다.

주

1   제레미 홈즈, 『존 볼비와 애착이론』, 학지사, 2005.

2   Mary Ainsworth et al, "Attachment, exploration, and separation: illustrated by the behavior of one-year-olds in a strange situation.", 《Child development》 41(1970): 49-67.

3   Helena Wasserman, "Elon Musk's dad has had a baby with his stepdaughter, who is 42 years younger than him", 《News 24》, 23 Mar 2018.

4   김유태, 「방랑식객 임지호 "저는 어머니가 세분. 그분들께 요리를 바칩니다"」, 《매일경제》, 2021년 1월 9일.

5   박혁수, 『인사이트 스포츠』, 플랜비디자인, 2020.

6   Kent Berridge et al, "Dopamine or opioid stimulation of nucleus accumbens similarly amplify cue-triggered 'wanting' for reward." 《European Journal of Neuroscience》 37(2013): 1529-1540.

7   기시미 이치로, 『아들러 심리학을 읽는 밤』, 살림, 2015.

8   정혜신, 『당신이 옳다』, 해냄, 2018.

9   Elly Finkel et al, "A brief intervention to promote conflict reappraisal preserves marital quality over time." 《Psychological Science》 24(2013): 1595-1601.

10 Hidehiko Takahashi et al, "When your gain is my pain and your pain is my gain:

Neural correlates of envy and schadenfreude", 《Science》 323(2009): 979-939.

11 발타자르 그라시안, 『사람을 얻는 지혜』, 타커스, 2016.

12 Ulf Dimberg et al, " Unconscious Facial Reactions to Emotional Facial
    Expressions" 《Psychological Science》 11(2020): 86-89.

13 데일 카네기, 『데일 카네기 인간관계론』, 현대지성, 2019.

14 헬렌 피셔, 『왜 우리는 사랑에 빠지는가』, 생각의나무, 2005.

15 모건 하우절, 『돈의 심리학』, 인플루엔셜, 2021.

16 Steven Levitt. "Heads or Tails: The Impact of a Coin Toss on Major Life
    Decisions and Subsequent Happiness". 《The Review of Economic Studies》 88
    (2021): 378 - 405.

17 안나 이즈미, 『안데르센의 절규』, 좋은책만들기, 2000.

18 알프레드 아들러, 『아들러 삶의 의미』, 을유문화사, 2019.

19 Martin Seligman. "Learned helplessness". 《Annual Review of Medicine》 23
    (1972): 407 - 412.

관계력

초판 1쇄 인쇄 2023년 7월 18일
초판 4쇄 발행 2024년 6월 26일

지은이 김단

편집 윤성훈
디자인 studio forb
마케팅 (주)에퀴터
제작 (주)공간코퍼레이션

펴낸이 윤성훈 **펴낸곳** 클레이하우스(주)
출판등록 2021년 2월 2일 제2021-000015호
주소 경기도 파주시 회동길 530-20, 402호
전화 070-4285-4925 **팩스** 070-7966-4925 **이메일** clayhouse@clayhouse.kr

ISBN 979-11-93235-01-0 (03190)

클레이하우스(주)가 더 나은 책을 펴낼 수 있도록 의견을 남겨주시거나 오타를 신고해주세요.
QR코드에 접속해 독자 설문에 참여해주신 분께 추첨을 통해 선물을 드리겠습니다.